别在该努力的时候，只谈梦想

博　群　编著

吉林文史出版社

图书在版编目（CIP）数据

别在该努力的时候，只谈梦想 / 博群编著. -- 长春: 吉林文史出版社, 2019.7（2024.8重印）

ISBN 978-7-5472-6011-1

Ⅰ. ①别… Ⅱ. ①博… Ⅲ. ①人生哲学—通俗读物 Ⅳ. ①B821-49

中国版本图书馆CIP数据核字(2019)第043314号

别在该努力的时候，只谈梦想

BIEZAIGAINULIDESHIHOU，ZHITANMENGXIANG

编　　著　博　群

责任编辑　张雅婷

封面设计　末末美书

出版发行　吉林文史出版社有限责任公司

地　　址　长春市福祉大路5788号

电　　话　0431-81629353

网　　址　www.jlws.com.cn

印　　刷　北京永顺兴望印刷厂

开　　本　880mm × 1230mm　1/32

印　　张　4

字　　数　80千

版　　次　2019年7月第1版　2024年8月第2次印刷

定　　价　19.80元

书　　号　ISBN 978-7-5472-6011-1

前言

有些人常说："我不敢在家休息，因为我没有存款；我上班不敢偷懒，因为我没有成就；我不敢说生活太累，因为我只能靠自己。"他们很勤奋，甚至做事也是认真到固执。固执这个词在这里绝非贬义，而是一种遵从内心的体现。因为，我们迫切追求梦想，而努力是我们唯一能掌握的变量。

那些不曾努力的日子，都是对梦想的辜负。努力是每个人对"生来仅仅一次的生命"最起码的尊重。21世纪是信息时代，也是一个浮躁的时代，时光如白驹过隙，繁忙的生活中我们分不清梦想和野心，匆忙、虚荣与焦虑混杂成一个满是污垢的生活状态。从上学、工作、恋爱，到一系列选择……无不面临各种难题，却又必须迎面应对。渐渐地，我从生活中学会了努力。努力生活，努力思考，努力享受困难和艰辛。人不能只信服"在哪里跌倒，就要在哪里爬起来"这种莽夫般的鼓励，若不去思考跌倒的原因，你会在同一个地方摔得鼻青脸肿，魂飞魄散。找到根源，剖析内心，方得始终，这就是本书与心灵鸡汤的最大不同。

一个人，不怕后悔做过什么，而是怕后悔没做什么。在人生的路上，我们总会遇到这样或那样的困难，有的人选择逃避，有的人选择迎难而上。《别在该努力的时候，只谈梦想》是一本好读、走心的书。因为它就像一棵安静的树，枝繁叶茂，优雅傲骨，同时又充满生命力。精选这些关于梦想、关于职场、关于情感的励志故事，直击读者内心深处。让读者在感受到温暖的同时，更迸发出向上的力量！去勇敢地追寻梦想，实现自己的人生价值。

不断努力，成为更好的自己，才能配得上更好的你；坚持梦想，脚踏实地去践行，才能走进熠熠生辉的明天。相信自己，憧憬明天，努力奔跑。因为这个世界，不曾亏欠每一个努力的人！

目录

第一章 一无所有的年纪，却是你折腾的最佳时机

二十多岁的选择，决定三十多岁的成就

“你过去或现在的情况并不重要，你将来想获得什么成就才最重要。除非你对未来有理想，否则做不出什么大事来。有了目标，内心的力量才会找到方向。”这是美国成功学家拿破仑·希尔关于“理想”的一段话。从古至今，我们都在强调一个人要有理想，近代成功学也将理想纳入个人自助计划的重要步骤。理想固然很重要，但从确定理想那一刻开始，你的行动更重要，因为它决定了你是否可以实现理想。

如果将我们熟知的成功者们的今天当作一个点，从这个点往昨天、前天倒推，我们会发现，其实他们在二十多岁的时候与我们很相似。而差距是从二十多岁确定人生目标之后，他们选择用一天天时间、从一件件事情上慢慢拉近自己与成功之间的距离。

但凡一件事情，是否能够做得到、做得好，其实就是一个选

择的问题。也许看上去只是一件小事，但最终却会影响你的整个人生轨迹。

也许很多人会抱怨命运的不公，然后自怨自艾，最后不认真对待角色，久而久之，连群众的龙套都没得跑。

有这样一句很流行的话：“把每一件普通的事情做好就是不普通，把每一个平凡的日子过好就是不平凡。”

也许，在你二十多岁的时候，你觉得自己对一切都无所谓。什么成功、成就，那只是指日可待的事情；什么机会、人脉，那也只是等着自己去俯身拾取的东西。似乎自己在三十多岁的时候，注定是成功的。其实，你对每一天的生活的态度，对每一件小事的选择，决定了你未来会有多大的成就。

也许你觉得，假如自己在娱乐圈每天工作在聚光灯、荧光棒的照耀下，也会全心全意地付出。事实上，在哪里工作，做什么样的工作并不是最重要的，重要的是你选择用怎样的态度去工作。你想做老师，想做记者，想做娱乐明星，等等，却一样也没有用心去做。在该踏踏实实努力的年纪里，你选择的是挥霍青春、虚掷光阴。等到别人开始收获自己二十多岁种下的种子获得的果实时，你才发现自己的田野中长满荒草，那是何等的悲哀和令人追悔！

春种，夏长，秋收，冬藏。每一个环节都是下一个环节的铺垫，我们的人生也是按照这样的规律在前进。你所浪费的今天，正是昨日殒身之人渴望的明天。如果你希望能够拥有一个丰收的秋季，那么在二十多岁的人生之夏，请选择用勤奋和努力来把握住每一天吧！

趁年轻，为梦想拼一拼

年轻人应该拥有梦想，一个人若没有了梦想，就如同失去方向的行舟。在激流中横冲直撞，直到筋疲力尽，然后随波逐流。如果在我们启动征程之前，就先确立一个明确的目标并始终认定这个方向，那么我们在拼搏的时候就不至于漫无目的。

“西楚霸王”项羽自小与叔父项梁一起生活。时逢乱世，安身立命需要有一技傍身。项羽先是跟从叔父学习读书识字，可没学几天就觉得不耐烦，便放弃了，并且理直气壮地对项梁解释说：“读书识字，只要会写自己的名字就行了。”没办法，既然不肯学文那就教他习武吧。于是项梁又改教项羽学习剑术，结果和上次一样，项羽的态度依然非常不屑一顾，说道：“剑术再好，终究只能敌对一人，要学便学敌对万人的本领。”项梁听后非常气愤，只恨这小子不争气。

一日，项羽随项梁出行，刚好遇到秦始皇出巡行至会稽郡，仪仗行伍繁盛，声势场面非常雄壮。项羽雄心顿起，目光直指秦始皇，豪言遂出，说道：“他日，我一定会取代他的地位。”项梁听他说出如此“大逆不道”的话，非常惊恐，赶紧捂住项羽的嘴，带着项羽离开了。此后项梁也知道项羽其志不在习文弄武，于是便教项羽学习兵法。

秦末，由于二世皇帝昏庸无能，朝政暴虐，因此我国历史上爆发了第一次反抗暴政的农民起义。项羽随叔父项梁也加入了以陈胜、吴广为首的农民起义军，在反抗暴秦统治的斗争中，项羽骁勇过人，战功赫赫，为推翻秦朝的残暴统治立下汗马功劳。

项羽本无尺寸之地，但凭一身虎胆、满腔凌云之志，乘势起于陇亩之中，仅历时三年，便率领五路诸侯灭掉秦朝。项羽以盟主的身份，裂地封王，从此“政由羽出，号为‘霸王’”。

苏东坡说：“古之立大事者，不唯有超世之才，亦必有坚忍不拔之志。”一个要成大事的人，一定要有一个伟大的志向。

拥有梦想，一块块石头可以筑成一座城堡，因为“有志者，事竟成”。

我们都不希望自己碌碌无为地度过一生，为此，现在我们就在自己的心中种下一粒梦想的种子吧。尽管在收获成功的硕果之前，我们会付出很多汗水和泪水，但我们勇于向前、义无反顾，因为我们拥有梦想。

别在该奋斗的年纪，葬在了安逸

在为了达到目标而付出行动之前，我们心里对即将遇到的挫折和困难或多或少都有一个大概的估计，并且会对此做好一些相应的心理准备。然而“善始者实繁，克终者盖寡”，即便是做好了心理准备，在迈向成功的奋斗路程中，还是会有许许多多的人无功而返。我们或耽于声色之娱，或因沉迷诱惑而失去梦想，抑或是被巨大的挫折与困难所震慑……所有的这些，都是因为我们没有坚忍的意志力以及一颗执着于自己梦想的心。

1832年，美国的一位青年失业了，这显然使他很困惑。一番思考后，他决定改当政治家，竞选州议员。更让他很痛心的是，他竞选失败了。

打工不成，当公务员也不行，那就自己当老板吧。于是他着手开办企业，可不到一年光景，这家企业就倒闭了。为此，在以后的17年间，他不得不为偿还因企业倒闭所欠下的巨额债务而到处奔波，吃尽苦头。

随后，他再一次决定参加竞选州议员，这次他成功了。他内心萌发了一丝希望，认为自己的人生有了转机。

1835年，他订婚了。令他心碎的是，离结婚还差几个月的时候，未婚妻不幸去世。这对他精神上的打击实在太大了，他心力交瘁，整个人完全崩溃，数月卧床不起。

1836年，他得了神经衰弱症。

1838年，他觉得身体状况有所改善，于是决定竞选州议会议长，结果还是失败。

1843年，他又参加竞选美国国会议员，这次又是以失败告终。

1846年，他又一次参加竞选国会议员，最后终于当选了。可两年任期很快过去了，他决定要争取连任。他认为自己作为国会议员的表现是出色的，相信选民会继续支持他。但结果很遗憾，他再次落选，因为这次竞选他赔了一大笔钱。他申请当本州的土地官员，但州政府把他的申请退了回来，上面指出：“做本州的土地官员要求有卓越的才能和超常的智力，你的申请未能满足这些要求。”这明显带有侮辱性的言辞并没有将他击败。

1854年，他竞选参议员，结果又是一次失败的尝试。

两年后他竞选美国副总统提名，结果被对手击败。

又过了两年，他再一次竞选参议员，结果又是失败。

这么多的失败经历集中在一个人的身上，也可谓“蔚为壮观”。我们也许会认为恐怕这个人已经被苦难给毁了吧。然而出人意料的是，事实并非如此，这个“集苦难之大成者”就是美国总统亚伯拉罕·林肯。

这位“集苦难之大成者”在外人看来，没有才华，不被看好，然而他拥有坚韧的毅力以及执着的心。也正是因为这些，他始终不放弃，与苦难做最顽强的斗争。林肯最终取得了非凡成就，成为美国历史上最伟大的总统之一。

“蚓无爪牙之利，筋骨之强，上食埃土，下饮黄泉，用心一也”，蚯蚓没有锋利刚健的爪牙和筋骨，却能上食埃土，下饮黄泉，是因为执着和坚忍的缘故。面对挫折，最好的利器就是坚忍与执着。

迈向成功的道路往往是非常艰苦的，面对苦难，始终抱有“咬定青山不放松”“任尔东南西北风”的坚忍意志和执着精神，苦难自会退避三舍。“拨云雾而见青天”，苦难的风雨过后，最终迎接我们的一定会是成功的晴天朗日。

放弃梦想就等于放弃自己，所以拿出你的决心，用坚忍的毅力、执着的精神跟挫折与困难斗争。“逆风的方向，更适合飞翔。我不怕千万人阻挡，只怕自己投降。”在挫折与困难的胁迫下，紧握梦想的手，不松开，不妥协。

人生最精彩的不是梦想实现的瞬间，而是实现梦想的过程。

决定你上限的不是能力，而是格局

李嘉诚成为华人首富有很多因素，其中，成为富人的愿望是必不可少的。1940年初，12岁的李嘉诚随家人逃难到香港。在香港，李嘉诚接触到了完全不同的文化，粤语、英语等让他眩晕。

李嘉诚十分清醒，由于当时香港受英国人统治多年，其官方语言是英语，因此，英语是在香港生存必须要掌握的重要的语言工具。于是，李嘉诚为尽最大努力去学习英文、适应新环境，为了更好更快地收到效果，他不怕被人笑话，总是用不太熟悉的英语大胆与人交流。此外，他还找表妹做英语辅导，日夜刻苦训练。终于，顺利克服英语这一难关的李嘉诚才算在香港扎下根来。

然而此时，李嘉诚所要考虑的不仅仅是自己的生活状态，作为家中长子，李嘉诚还要承担起整个家庭的生活重担。当时香港的经济比现在落后得多，生活艰难，贫困使不少香港人衣不蔽体、食不果腹，不祈求富贵显达，能够保证温饱已让人心满意足。但是，李嘉诚的志向远不在此，纵然是在如此恶劣的环境之下，他依然决心要开创一番大业。

立下大志的李嘉诚勤勤恳恳地工作，别人工作八个小时，而他工作十六个小时，勤奋努力的李嘉诚很快就在生活上有了较大的改善。但是，李嘉诚的目的不仅仅在于“过上好的生活”，他的视野在全世界。

当李嘉诚到塑胶厂的时候，他发现塑胶裤带公司有七名推销员，而自己最年轻、资历最浅。其他几位都是历次招聘中的佼佼者，经验都比自己丰富，已有固定的客户。但是李嘉诚并没有因此放弃，他很迅速地给自己定下了一个短期目标：“三个月内，干得和别的推销员一样出色；半年后，超过他们。”

事实也正是如此，不久，李嘉诚便实现了他的预定目标：超越另外六个推销员。年终业绩统计时，连李嘉诚自己都大吃一惊，自己的销售额竟然是第二名的七倍！很快李嘉诚又被提拔为部门经理，两年后，他又被任命为总经理，全权负责公司日常事务。

成为总经理之后，李嘉诚依然没有放低对自己的要求，而是又为自己确定了新目标，那就是创立自己的公司。于是他愈加勤奋地积累自己的实力，坚定不移地向着新目标前进。虽身为总经理，但他始终把自己当作小学生，大部分时间蹲在工作现场，身穿工作服，同工人一起干活。每道工序他都会亲自尝试，李嘉诚希望自己能做到不但熟稔推销工作，并且对整个生产及管理环节都要很熟悉。他再一次做到了，于是请辞，开始着手开办自己的公司。

辞去总经理职位的李嘉诚，用个人资金开创自己的事业，有了自己的公司。这时他的目标开始清晰了，就是首先要开办一所塑料花厂，作为事业展开的第一步。但这只是第一步，因为在他心中，塑料花厂的建立和运作成功只是他的众多目标之一，李嘉诚还有很多更远大的目标。李嘉诚的塑料花厂办得非常成功，他也因此赢得了“塑料花大王”的称号。但对李嘉诚来说，塑料花厂只不过是起步而已，他下一个目标就是进军当时的地产界。事情进展得很顺利，他成功地在地产行业中打出名堂，而且创建了香港最有实力的地产发展公司。

李嘉诚的事业已极具规模，但他并不因此而满足。此后，李嘉诚又通过一连串的收购活动，不断壮大自己的企业。这仍然是他逐步实现个人理想的过程。每一个目标完成之后，他都会有另外更多的目标，而且通常都是更高的目标。他在实现自己理想的过程中，不断制定不同的、较为具体的目标，然后一步一步地向这些具体目标进发。

综观李嘉诚的一生，他无论走到哪一步，都在完成自己为自己设定的一次次挑战，在每次完成中都积累了雄厚的人生与商业经验，无数次成为同事中的佼佼者。现已是华人首富的李嘉诚仍在不断追求，神话还将延续下去。每个阶段的李嘉诚都是坚定不移的，原因就在于他的远大追求，所以他总是可以忍受每一步的艰辛，依然在布满荆棘的路上披荆斩棘，每一步都走得踏实坚定。李嘉诚曾如此说：“只要你愿做某件事情，就不会在乎其他的。”这便是他成功的最好概括。

李嘉诚的眼界决定了李嘉诚成功的高度。

有了志向，才不至于在艰辛的奋斗道路上茫然失措，前进的脚步才走得从容而安详。目标之于事业，具有举足轻重的作用。奋斗者一定要有梦想，梦想正是步入成功殿堂的源泉。一个人之所以伟大，首先在于他非凡的眼界。

听说你过得并不如意，却还很安逸

《阿甘正传》中有一句经典的话：“人生就像巧克力，你永远不知道下一块是什么味道。”对于未来，我们可以预测的有很多，但是可以把握的却很少。人生总不能像我们以为的那样前进，正因为如此，很多人将一切都交给“运”，相信自己年轻时如果没有好运气的话，将来人到中年可能会“大器晚成”。

但剧情通常这样发展：你期望明年能转运，结果明年的运气更差；当你发现自己已经不太可能依靠好运气翻身，必须自己主动出击的时候，你已经“不再年轻”了。

很多已经成功的人都以“机遇只偏爱有准备的人”为自己的座右铭，言下之意就是自己能成功是因为“早有准备”。

任何人的成就都是像“滚雪球”一样慢慢地越做越大，如果你没有在年轻的时候播种、耕耘，就不会有后来的收获。当然，要排除那些意外的收获。要知道，就连本田的老总本田宗一郎也说：“只有一步一步积累起来的财富才安全而可靠。”

保持一份好奇，世界会给你惊喜

二十多岁的年轻人，如果不是主动地迎接风险的挑战，便是被动地等待风险的降临，冒险总比墨守成规让你更有机会出人头地。

清楚地了解什么是自己该做的，什么又是不该做的，这是所有成功者都需要具备的条件。

卓越者之所以能够卓越，取决于他愿意去做一些平庸者所不愿意做的事；平庸者之所以平庸，乃在于他一直在做成功者所不愿意做的事。

要能够清楚地了解什么是该做或不该做的事，首要条件就是必须拥有明确的目标，其次需要有清晰的定位，最后加上智慧。这样，就可以有正确的判断力，把握住自己该做的事情。

世界上大多数人都不愿意去冒险。他们平平庸庸地挤在平坦的大路上，小心谨慎地走着，以为这样就可以平平安安、轻轻松松地过一生，但他们永远也领略不到人生奇异的风情。他们要在拥挤的人群里争食，说不定，某一天没有争到食物，还要挨冻受饿，这难道不是一种风险吗？而且这还是一种难以逃避的风险，还是一种越来越无力改善现状的风险。就像温室里的花草，当某天寒流袭来时，最早冻死的便是这些没经过风雨的花草。

所以，生命从本质上说就是一次探险。

任何事情的圆满结局都是等不来的，必须用行动促成其实现。要打破平庸，就得敢冒一定的风险，虽然有时候免不了失败，但这种失败同样具有不可磨灭的价值，其价值就体现在后来的成功之中。

一家大公司的总裁说得好：“冒险精神具备与否，实际上是一个员工思考能力和人格魅力的体现。”是的，作为一个员工，只有你把冒险精神投入到工作中去，你的老板才会感觉到你的努力。

二十多岁的年轻人，才华和能力只有通过冒险，通过克服一道道难关，才能展现出来。而安于现状、不思进取的人，没有危机感的人，不愿参与竞争和拼搏的人，他们得到的奖赏肯定不是成功，而是彻头彻尾的失败。

所有偷过的懒，都会变成打脸的巴掌

萧伯纳说：“懒惰就像一把锁，锁住了知识的仓库，使你的智力变得匮乏。”懒惰就像是一种精神腐蚀剂，使人变得萎靡不振。懒惰的人好逸恶劳，即便是力所能及的事情也不愿意动手去做，妄图坐享其成。能力是修炼出来的，凡事都袖手旁观，自身的能力就会退化。

因此，颜之推在《颜氏家训》中告诫自己的子孙说：“天下事以难而废者十之一，以惰而废者十之九。”“天下无难事，只怕有心人”，勤奋用心的人不会因为事情的艰难而放弃成功的希望；懒惰才是失败的主要原因，因为懒惰会让人的智力变得贫乏，能力变得平庸。

对于任何一个人来说，懒惰都是一种堕落的、具有毁灭性的腐蚀剂。比尔·盖茨说：“懒惰、好逸恶劳乃是万恶之源，懒惰会吞噬一个人的心灵，就像灰尘可以使铁生锈一样，懒惰可以轻而易举地毁掉一个人，乃至一个民族。”

一旦染上了懒惰的习性，就等于为自己掘下了坟墓。毫无疑问，懒惰者是不能成大事的，因为懒惰的人总是贪图安逸，遇到一点风险就裹足不前；而且生性懒惰的人还缺乏吃苦实干的精神，总想吃天上掉下来的馅饼。这种人不可能在社会生活中成为成功者，他们永远是失败者。

人们总有不劳而获的思想，而付出辛勤的劳动是获得回报唯一的方法。英国哲学家穆勒这样认为：“无论王侯、贵族、君主，还是普通市民都具有这个特点，人们总想尽力享受劳动成果，却不愿从事艰苦的劳动。懒惰、好逸恶劳这种本性是如此的根深蒂固，以致于人们为这种本性所驱使，往往不惜毁灭其他的民族，乃至整个社会。为了维持社会的和谐、统一，往往需要一种强制力量来迫使人们克服懒惰这一习性，从而不断地劳动。”

对付懒惰，辛勤的劳动才是克敌之道。确实，一心想拥有某种东西，却害怕或不敢或不愿意付出相应的劳动，这是懦夫的表现。无论多么美好的东西，人们只有付出相应的劳动和汗水，才能懂得这美好的东西是多么来之不易，因而愈加珍惜它，人们才能从这种拥有中享受到快乐和幸福，这是一条万古不变的原则。即使是一份悠闲，如果不是通过自己的努力而得来的，那么这份悠闲也并不甜美。不是用自己的劳动和汗水换来的东西，你没有为它付出代价，你就不配享用它。生活就是劳动，劳动就是生活，懒惰将会使人误入失败的深渊。懒惰会使人陷入毁败的境地，只有辛勤的劳动才能创造生活，给人们带来幸福和欢乐。

任何人只要劳动，就必然要耗费体力和精力，劳动也可能会使人们精疲力竭，但它绝对不会像懒惰一样使人精神空虚、精神沮丧、万念俱灰。马歇尔·霍尔博士认为："没有什么比无所事事、空虚无聊更为有害的了。"那些终日游手好闲、无所事事的人体会不到劳动的快乐，他们的思想是空虚的、生活是单调的，因为天底下最无聊的事情就是无所事事。

斯坦利·威廉勋爵曾说过："一个无所事事的懒惰的人，不管他多么和气、令人尊敬，不管他是一个多么好的人，不管他的名声如何响亮，他过去不可能、现在不可能、将来也不可能得到真正的幸福。生活就是劳动，劳动就是生活，而懒惰将会使人误入失败的深渊。"

勤奋的人，没空去感受痛苦

有句话是：“为自己想要的忙碌，如此即无暇担忧你不想要的。”人一生会遇到许多大大小小令人痛苦的事情，如果人能一心专注于自己的梦想，并为自己的梦想付出辛勤的工作，心无旁骛就无暇感受痛苦，取而代之的是沉浸在辛勤工作带来的喜悦当中。当然这并不是一种麻木地逃避，而是化悲痛为力量的一种行为。当通过自己的辛勤努力获得成功后，获得的喜悦也将会是更大的。

诺贝尔经济学奖得主萨缪尔森说：“辛勤的蜜蜂永远没有悲伤的时间。”

日本著名企业家松下幸之助说：“我小时候，在当学徒的七年当中，在老板的教导之下，不得不勤勉学艺，也不知不觉地养成了勤勉的习惯。所以他人视为辛苦困难的工作，而我自己却不觉得辛苦，所以我与他人的看法自然就有差异了。我青年时代始终一贯地被教导要勤勉努力，此乃人生之一大原则。事实上，在这个社会里，有勤勉努力习惯的人，不太被人称赞是尊贵或者伟大，也不会被认为很有价值，因此，我认为大家应该无所顾忌地提升对具有这种良好习惯者的评价，这样才算真正对勤勉习惯的价值有所认识。”

大凡成功者都有这样的感悟，勤劳并不是受罪。“勤劳一日，可得一夜安眠；勤劳一生，可得幸福长眠。”

你所看到的惊艳，都曾被平庸历练

西汉时人戴圣在《礼记·中庸》中说道：“凡事预则立，不预则废。”我们无论做什么事情，都要在行动之前进行筹划、准备。事先有准备才能获得成功，否则就会失败，因为一个缺乏准备的人一定是一个差错不断的人，因为没有准备的行动只能使一切陷入无序，最终面临失败的局面。成功只青睐有准备的人。

有位成功学家如是说：“成功不会属于那些没有丝毫准备的人，那些没有准备的人，即使有成功的机会，也会因为没有精心准备而错失，甚至将已经到手的成功拱手让给别人。”的确如此，成功必须经过努力奋斗才能够获得，岂能是一个没有任何准备的人可以得到的呢？然而有些机会是不知道什么时候才会降临的，因此我们不能松懈怠慢，要时刻做好准备，让自己保持在最佳状态，以便机会出现时，我们可以一把抓住。

塞缪尔·约翰逊说：“最明亮的欢乐火焰大概都是由意外的火花点燃的。人生道路上不时散发出芳香的花朵，也是从偶然落下的种子自然生长起来的。”伟大的成功往往是由意外的机遇促成的，如果一个没有丝毫准备的人，即使是机遇出现在他面前也是会被错过的。

成功的机会，只会青睐有准备的人，它不相信眼泪，它与懦弱胆小、松懈懒惰、蛮干盲从无缘。懦弱胆小的年轻人，一遇困难便裹足不前，魄力不足、谨慎有余，不足以成大事；松懈懒惰的年轻人，毫无危机感以及责任感，在享乐主义的驱使下挥霍人生，败事有余;蛮干盲从的人，遇事毫无主见，只会跟着别人后面亦步亦趋，结果往往是事倍功半；只有积极做好准备的男人，才能在20多岁以后把握住成功的机会，创造辉煌。

第二章 人生最大的失败不是我不行，而是我本可以

总有人要赢，为什么不能是自己

借口是失败的温床。有些人在遇到困境，或者没有按时完成任务时，总是试图找出一些借口来为自己辩护，安慰自己，总想让自己轻松些、舒服些。在一个公司里，老板要的是勤奋敬业、不折不扣、认真执行任务的员工。如果一个员工经常迟到早退，对工作马马虎虎，还不时找借口说自己很忙，他是不会赢得老板信任和同事尊重的。

在日常生活中，我们经常会听到这样一些借口：上班迟到，会说“路上塞车”；任务完不成，会说“任务量太大”；工作状态不好，会说“心情欠佳”……我们缺少很多东西，唯独不缺的好像就是借口。

殊不知，这些看似不重要的借口却为你埋下了失败的祸根。借口让你获得了暂时的原谅和安慰，可是，久而久之，你却丧失

了让自己改进的动力和前进的信心，只能在一个个借口中滑向失败的深渊。

懒人总是有借口

平庸的人之所以平庸，是因为他们总是找出种种理由来欺骗自己。而成功的人，会想尽一切方法来解决困难，而绝不找半点借口让自己退缩。不找任何借口，是每个成功者走向成功的通行证。

任何一个社会似乎都存在两种人：成功者和失败者。根据二八法则，20%的人掌握着社会中80%的财富。什么原因让少数人比多数人更有力量？因为多数人都在找借口。两种人的区别在于：一种是不找借口只找方法的人，另一种是不找方法只找借口的人。而前一种人往往是成功者，后一种人往往是失败者。

须知，成功也是一种态度，整日找借口的人是很难获得成功的。你尽可以悲伤、沮丧、失望、满腹牢骚，尽可以每天为自己的失意找到一千一万个借口，但结果是你自己毫无幸福的感受可言。你需要找到方法走向成功，而不要总把失败归于别人或外在的条件。因为成功的人永远在寻找方法，失败的人永远在寻找借口。一旦找了借口，就不会冥思苦想地去寻找方法了，而不找方法，你就很难走向成功。

许多杰出的人都富有开拓和创新精神，他们绝不在没有努力的情况下就事先找好借口。没有任何借口，是每个成功者走向成功的通行证。

怕，就会输一辈子

拒绝“可是”，拒绝借口，你才能找到解决问题的切入点，才能真正认识到自己的能力，而后准确地给自己定位。因为任何“可是”、任何借口，其实都是懒人的托词，它只会慢慢地把你推向失败的旋涡，让你处于一种疲惫且不思进取的状态。只有扔掉“可是”这个借口，你才能发掘出自己的潜能，闯出属于自己的一片天地。

“我本来可以，可是……”

“我也不想这样，可是……”

“是我做的，可是这不全是我的错……”

“我本来以为……可是……”

行事不顺时，我们都喜欢以“可是”这个借口来推脱责任，却很少有敢于承担后果的勇气，很少去思考解决问题的方法。就这样不断地求助于“可是”，不断地寻找各种各样的借口，糟糕的事情不断发生，生活也就不断地出现恶性循环。须知，唯有扔掉“可是”这个借口，你才能跨出心灵的囚笼，取得意想不到的辉煌成果。

对于很多善于找借口的人来说，从一件事情上入手来尝试着丢掉借口，抓紧时间，集中精力去做好手边的事，结果也许会大不相同。

“可是”是人们回避困难、敷衍塞责的“挡箭牌”，是不肯自我负责的表现，是一种缺乏自尊的生活态度的反映。怎样才能不再找借口，并不是学会说“报告，没有借口”就足够了，而是要按照生活的真实法则去生活，重新寻回你与生俱来但又在成长过程中失去的自尊和责任感。

你改变不了天气，请不要说“可是”，因为你可以调整自己的着装；你改变不了风向，请不要说“可是”，因为你可以调整你的风帆；你改变不了他人，请不要说“可是”，因为你可以改变你自己。所以，面对困难，你可以调整内在的态度和信念，通过积极的行动，消除一切想要寻找借口的想法和心理，成为一个勇于承担责任的人，成为一个不抱怨、不推脱、不“可是”、不为失败找借口的人。

扔掉“可是”这个借口，让你没有退路，没有选择，让你的心灵时刻承载着巨大的压力去拼搏、去奋斗，置之死地而后生。只有这样，你的潜能才会最大限度地发挥出来，成功也会在不远的地方向你招手！

成功的人不会寻找任何借口，他们会坚毅地完成每一项简单或复杂的任务。一个追求成功的人应该确立目标，然后不顾一切地去追求目标，最终达到目标，取得成功。

如果不曾努力，凭什么要求结果

再妙的借口对于事情本身也没有用处。许多人之所以屡遭失败，就是因为一直在寻找麻醉自己的借口。

没有任何借口，没有任何抱怨，职责就是他一切行动的准则。

不找任何借口看似冷漠，缺乏人情味，但它可以激发一个人最大的潜能。无论你是谁，在人生中，无须找任何借口，失败了也罢，做错了也罢，再妙的借口对于事情本身也没有用处。

不寻找借口，就是永不放弃；不寻找借口，就是锐意进取……要成功，就要保持一颗积极、绝不轻易放弃的心，尽量发掘出周围人或事物最好的一面，从中寻求正面的看法，让自己能有向前走的力量。即使最终失败了，也能汲取教训，把失败视为向目标前进的踏脚石，而不要让借口成为我们成功路上的绊脚石！所以，千万不要找借口！把寻找借口的时间和精力用到努力工作中，成功属于那些不寻找借口的人！

对于企业来说，这更应该是始终坚守的理念。企业需要没有借口的员工，而有些人把宝贵的时间和精力放在了如何寻找一个合适借口上，而忘记了自己的责任。这样的人，在企业里不会成为称职的员工，在社会上不是大家可信赖和尊重的人。这样的人，注定只能是一事无成的失败者。

当自己犯下错误，甚至自己毫无过错，而上司、同事、家人、朋友、客户却有抱怨的时候，不需要去争辩，应当用心去倾听，认真去反思为什么会出现这样那样的情况，反求诸已，有则改之，无则加勉。

一旦养成了找借口的习惯，你的工作就会没有效率。抛弃找借口的习惯，你就不会为工作中出现的问题而沮丧，甚至你可以在工作中学会大量的解决问题的技巧，这样，借口就会离你越来越远，而成功离你越来越近。

借口，是拖延的温床。不找借口，就意味着拒绝拖延，今天的事今天做。

只为成功找方法，不为问题找借口

制造托词来解释失败，这已是普遍性的问题。这种习惯与人类的历史一样古老，这是成功的致命伤！制造借口是人类本能的习惯，这种习惯是难以打破的。柏拉图说过："征服自己是最大的胜利，被自己征服是最大的耻辱和邪恶。"

卓越的人必定是重视找方法的人。他们相信凡事必有方法去解决，而且能够解决得更完美。事实也一再证明，看似极其困难的事情，只要用心寻找方法，必定会成功。真正杰出的人只为成功找方法，不为问题找借口，因为他们懂得：寻找借口，只会使问题变得更棘手、更难以解决。

只要精神不滑坡，方法总比问题多

俗话说："山不转，路转；路不转，人转。"的确，天无绝人之路，遇到问题时，只要肯找方法，上天总会给有心人一个解决问题、取得成功的机会。

人们都渴望成功，那么，成功有没有秘诀？其实，成功的一个很重要的秘诀就是寻找解决问题的方法。俗话说："没有笨死的牛，只有愚死的汉。”任何成功者都不是天生的，只要你积极地开动脑筋，寻找方法，终会“守得云开见月明”。

世间没有死胡同，就看你如何寻找方法，寻找出路。且看下面故事中的林松是如何打破人们心中“愚”的瓶颈，从而成功找到出路的。

世上无难事，只怕有心人。面对问题，如果你只是沮丧地待在屋子里，便会有禁锢的感觉，自然找不到解决问题的正确方法。如果将你的心锁打开，开动脑筋，勇敢地走出自己固定思维模式的枷锁，你将收获很多。

只有走不通的路，没有想不通的人

是真的没办法吗？还是我们根本没有好好动脑筋想新方法？事实上，只要我们用一种大的视野、一种综观全局的胸怀来看待问题，用一种灵动多变的思考方式、一种随机应变的智慧去分析判断问题，就不会找不到解决问题的新方法。

“实在是没办法！”

“一点儿办法也没有！”

这样的话，你是否熟悉？你的身边是否经常有这样的声音？

当你向别人提出某种要求时，得到这样的回答，你是不是觉得很失望？

当你的上级给你下达某个任务，或者你的同事、顾客向你提出某个要求时，你是否也会这样回答？

当你这样回答时，你是否能够体会到别人对你的失望？一句“没办法”，我们似乎为自己找到了可以不做的理由。是真的没办法吗？只有暂时没有找到解决困难的办法，而没有解决不了的困难。一句“没办法”，浇灭了很多创造的火花，阻碍了我们前进的步伐！是真的没办法吗？还是我们根本没有好好动脑筋想办法？发动机只有发动起来才会产生动力，同样，想办法才会有办法！

有一位智者说，这个世界上有两种人：

一种人是看见了问题，然后界定和描述这个问题，并且抱怨这个问题，结果自己也成为这个问题的一部分。

另一种人是观察问题，并立刻开始寻找解决问题的办法，结果在解决问题的过程中自己的能力得到了锻炼，品位得到了提升。

你愿意成为问题的一部分，还是成为解决问题的人？这个选择决定了你是一个推动公司发展的关键员工，还是一个拖公司后腿的问题员工。

西方流传着一句十分有名的谚语，叫作：Use your head——请动动脑筋。许多成功者一生都在遵循着这句话，解决了很多被认为是根本解决不了的问题。在现代社会，每个人都在想尽一切办法来解决生活中的一切问题，而且，最终的强者也将是善于寻找新方法的那部分人。

与其在等待中枯萎，不如在行动中绽放

美国人常常讥笑那些随便找借口的人说：“狗吃了你的作业。”借口是拖延的温床，习惯找借口的人总会找出一些借口来安慰自己，总想让自己轻松一些，舒服一些。这样的人，不可能成为称职的员工，要知道，老板安排你这个职位，是为了解决问题，而不是听你关于困难的分析。不论是失败了，还是做错了，再好的借口对于事情本身也是没有丝毫用处的。

许多人都可能会有这样的经历，清晨闹钟将你从睡梦中惊醒，你虽然知道该起床了，可就是躺在温暖的被窝里面不想起来——结果上班迟到，你会对上司说你的闹钟坏了。

又一次，你上班迟到，明明是你躺在被窝里面不起来，却说路上塞车。

糊弄工作的人是制造借口的专家，他们总能以种种借口来为自己开脱，只要能找借口，就毫不犹豫地去找。这种借口带来的唯一“好处”，就是让你不断地为自己去寻找借口，长此以往，你可能就会形成一种寻找借口的习惯，任由借口牵着你的鼻子走。这种习惯具有很大的破坏性，它使人丧失进取心，让自己松懈、退缩甚至放弃。在这种习惯的作用下，即使是自己做了不好的事，你也会认为是理所当然的。

一旦养成找借口的习惯，你的工作就会拖拖拉拉，没有效率，做起事来就往往不诚实。这样的人不可能是好员工，他们也

不可能有完美的人生。

因此，要成功就不要找借口。不要害怕前进路上的种种困难，不要为自己的平庸寻找种种托词，也不要为自己的失败解释种种原因，抛开借口，勇往直前，你就能激发出巨大潜能，从而在前进的路上，披荆斩棘，直抵成功。

第三章 你自以为的极限，其实只是别人的起点

给自己定一个终生目标

志存高远，执着追求，是一切成功者的共同特征。

放眼古今中外，无数杰出人士都具有远大的终生目标。汉司马迁一生著《史记》，“欲究天人之际，成一家之言”；鲁迅“横眉冷对千夫指，俯首甘为孺子牛”，用一支笔为同胞呐喊终生。

有一年，一群踌躇满志、意气风发的天之骄子从哈佛大学毕业了，他们的智力、学历、环境条件都相差无几。临出校门，哈佛对他们进行了一次关于人生目标的调查。结果是这样的：

27%的人，没有目标；60%的人，目标模糊；10%的人，有清晰但比较短期的目标；3%的人，有清晰而长远的目标。

25年后，哈佛再次对这群学生进行了跟踪调查。结果是这样的：

3%的人，25年间他们朝着一个方向不懈努力，几乎都成为社会各界的成功之士，其中不乏行业领袖、社会精英；

10%的人，他们的短期目标不断实现，成为各个领域中的专业人士，大都生活在社会的中上层；

60%的人，他们安稳地生活与工作，但都没有什么特别的成绩，几乎都生活在社会的中下层；

剩下27%的人，他们的生活没有目标，过得很不如意，并且常常在埋怨他人、抱怨社会、抱怨这个“不肯给他们机会”的世界。

其实，他们之间的差别仅仅在于25年前，他们中的一些人知道自己的人生目标，而另外一些人则不清楚或不很清楚。

在生命中没有一个目标的人，很容易受到一些微不足道的诸如忧虑、恐惧、烦恼和自怜等情绪的困扰。所有这些情绪都是软弱的表现，都将导致无法回避的过错、失败、不幸和失落。因为在一个权力扩张的世界里，软弱是不可能保护自己的。

一个人应该在心中树立一个目标，然后着手去实现它。他应该把这一目标作为自己思想的中心。这一目标可能是一种精神理想，也可能是一种世俗的追求，这当然取决于他此时的本性。但无论是哪一种目标，他都应将自己思想的力量全部集中于他为自己设定的目标上面。他应把自己的目标当做至高无上的任务，应该全身心地为它的实现而奋斗，而不允许他的思想因为一些短暂的幻想、渴望和想象而迷路。

终生目标应该是一个人终生所追求的固定的目标，生活中其他的一切事情都围绕着它而存在。

为了找到或找回你人生的主要目标，年轻朋友可以问自己几个问题，比如：

我想在我的一生中成就何种事业？

临终之时回顾往事，一生中最让我感到满足的是什么？

在我的日常生活中哪一类的成功最使我产生成就感？

我最热爱的工作是什么？

如果把它作为自己终生的事业，怎样做到在有利于自己的同时，也对别人有帮助？

我有哪些特殊的才能和禀赋？

我周围有些什么资源可以帮助我实现自己的目标？

除此以外，我还需要什么才能实现自己的目标？

有没有什么职业是我内心觉得有一种声音在驱使我去做的，而且它同时也会让我在物质上获得成功？

阻碍我实现自己目标的因素又有哪些？

我为什么没有现在去行动，而是仍然在观望？

要行动，那么，第一步该做什么？

年轻朋友们，认真、慎重地思考上述问题，你会发现，它对寻找、定位自己的远大目标，将有切实的帮助。

努力找到我们的终生目标吧，它是人生永远不会枯竭的原动力。

要有效努力，不要看起来很努力

古人说：“千里之行，始于足下。”我们青少年在设定终生目标后，应该将目标分成几个可以实现的小目标，然后为每一步小目标规定切实可行的期限，这样，从一开始我们就能看到成功，有利于自信心的不断提高。这有点类似于远征，通过一步一步地走，一段一段地走，最终达到目的地。每走完一段路，离目标更近，自信心也就更强。

我们每一天都应问自己：

现在在人生之中算是一个什么样的时期，是不是符合发展目标？每天都在做什么，得到的是不是现在最想要的或是最应该得到的？明天应该做什么，下一步应该做什么，要为完成目标准备些什么？手里的东西是否可以放下，是否真的愿意……

你需要有一个详细的个人发展计划。这个计划可以是一个5年的计划，也可以是一个10年、20年的计划。不管是属于何种时间范围的计划，它至少应该能够回答如下问题：

1.我要在未来5年、10年或20年内实现什么样的一些职业或个人的具体目标？

2.我要在未来5年、10年或20年内挣到多少钱或达到何种程度的挣钱能力？

3.我要在未来5年、10年或20年内有什么样的一种生活方式？

著名的潜能开发专家安东尼·罗宾曾提出如下建议，相信对我们会大有裨益：

好好计划每一天的生活。你希望和谁在一起呢？你要做什么？你要如何开始这一天？你要朝哪一个方向？你要得到什么样的结果？希望你从起床开始，一直到上床，全天都有妥当的计划。

青少年朋友，别忘了，你所有的结果与行为都来自内心的构思，因此就照你所期望的方式，好好计划你的每一天吧！

没有行动的梦想，永远难以实现

一旦有了梦想，就必须用行动去实现梦想。如果有梦想而没有努力，有愿望而不能拿出力量来实现愿望，这是不足以成事的。只有下定决心，历经学习、奋斗、成长，才有资格摘下成功的甜美果实。

而大多数的人，在开始时都拥有很远大的梦想，只是他们从未采取行动去实现这些梦想，缺乏决心与实际行动的梦想于是开始萎缩，种种消极与不可能的思想衍生，甚至于就此不敢再存任何梦想，过着随遇而安、乐天知命的平庸生活。

这也是为何成功者总是占少数的原因。

英国前首相本杰明·笛斯瑞利曾指出，虽然行动不一定能带来令人满意的结果，但不采取行动就绝无满意的结果可言。

因此，如果你想取得成功，就必须先从行动开始。一个人的行为影响他的态度，行动能带来回馈和成就感，也能带来喜悦。

天下最可悲的一句话就是：“我当时真应该那么做，但我却没有那么做。”经常会听到有人说：“如果我当年就开始那笔生意，早就发财了!”一个好创意胎死腹中，真的会叫人叹息不已，永远不能忘怀。如果真的彻底施行，当然就有可能带来无限的满足。

年轻朋友，你现在已经有一个好愿望、想到一个好创意了吗？如果有，马上行动。

将一个愿望真正地落实到行动上，应遵循以下原则：

1.做好各种准备工作，考察愿望是否切实可行。

2.制定每年、每月、每日的行动步骤表，按计划去做。

3.安排好行动计划的轻重缓急、先后次序。

4.行动方案应明晰化、细致化，这样落实起来，才能到位，才能更有效率。

不给自己设限，你的能量超乎你的想象

什么样的理想，将决定你成为什么样的人。远大的目标是成功的磁石。

被誉为发明之父的爱迪生，小时候只上了几个月的学，就被老师辱骂为愚蠢糊涂的低能儿而退学了。爱迪生为此十分伤心，他痛哭流涕地回到家中，要妈妈教他读书，并出语惊人地说：“长大了一定要在世界上做一番事业。”这句话出自当时被认为是愚钝儿的爱迪生之口，未免显得荒唐可笑。但是，正是由于爱迪生自小就确立了一个远大志向，惊人的目标使他越过前进道路上的坎坎坷坷，成为举世闻名的发明家。

要成功就要设定目标，没有目标是不会成功的。目标就是方向，就是成功的彼岸，就是生命的价值和使命。

志当存高远，是著名政治家和军事家诸葛亮的一句名言。诸葛亮在青年时代就具备了远大的志向，在未出茅庐之前就自比管仲、乐毅，就想干一番大事业。远大的志向加上良好的机遇，使他成就了一番伟业。

著名作家高尔基说过："我常常重复这一句话：一个人追求的目标越高，他的能力就发展得越快，对社会就越有益。我确信这是个真理。这个真理是我的全部生活经验，是我观察、阅读、比较和深思熟虑了一切之后才确定下来的。"高尔基用自己的一生验证了自己的这段名言。

钢铁大王卡内基原本是一家钢铁厂的工人，但他凭着制造及销售比其他同行更高品质的钢铁的明确目标，而成为全美最富有的人之一，并且有能力在全美国小城镇中捐资盖图书馆。

谚语云：如果你只想种植几天，就种花；如果你只想种植几年，就种树；如果你想流传千秋万世，就种植观念！

对于你来说，你的过去或现在是什么样并不重要，你将来想要获得什么成就才是最重要的。你必须对你的未来怀有远大的理想，否则你就不会做成什么大事，说不定还会一事无成。

理想是同人生奋斗目标相联系的有实现可能的想象，是人的力量的源泉，是人的精神支柱。如果没有理想，岁月的流逝只意味着年龄的增长。

有了远大的理想，还要有看得清、瞄得着的射击靶。目标必须是明晰的、具体的、现实的、可以操作的，当然，这是为理想服务的短期目标。只有实现一个个短期目标，才能筑起成功的大厦。

要攀到人生山峰的更高点，当然必须要有实际行动，但是首要的是找到自己的方向和目的地。如果没有明确的目标，更高处只是空中楼阁，望不见更不可及。如果我们想要使生活有突破，到达很新且很有价值的目的地，首先一定要确定这些目的地是什么。只有设定了目的地，人生之旅才会有方向、有进步、有终点、有满足。

明白了你的命运来自于你的奋斗目标，就会给自己一个希望，就在你的内心祈祷，你对自己说：我一定要做个伟大的人。只要你这样想这样做，你就一定会像你所想象的那样，成为一个伟大的人。

让我们为自己找一个梦想，树立一个目标吧，人生因有远大的目标而伟大！

你不努力，连羡慕别人都会感到惭愧。

你需要一个强有力的渴望，才能让你走上另一台阶。

我们要有对成功的强烈渴望，要有“我一定要成功”的信念，而不是“我想成功”。企图心是一种一定要得到的心态，是一定要的决心。只要我们下定决心，并且为这个决心负责，为这个决心全力以赴，成功离我们就很近了。

梦想和现实之间，总有那么一段距离。如果总希望一觉醒来就能梦想成真，这无异于白日做梦。把梦想变成现实，就要从现在开始确定一个目标，有成功的强烈愿望，并靠坚定的信念去拼搏，这样才可能成为生活的幸运儿。

你或许会不解，到底迈克·乔丹拼命不懈的动力来源于何处？那是发生于他念高中一年级时一次在篮球场上的挫败，激起他决心不断地向更高的目标挑战。就在这个目标的推动下，飞人乔丹一步步成为全州、全美国大学，乃至于NBA职业篮球历史上最伟大的球员之一，他的事迹一一改写了篮球比赛的纪录。

当你问起NBA职业篮球高手“飞人”迈克·乔丹，是什么因素造成他不同于其他职业篮球运动员的表现，而能多次赢得个人或球队的胜利？是天分吗？是球技吗？抑或是策略？他会告诉你说：“NBA里有不少有天分的球员，我也可算是其中之一，可是造成我跟其他球员截然不同的原因是，你绝不可能在NBA里再找到像我这么拼命的人。我只要第一，不要第二。”

三百六十行，行行出状元。不管你以后要从事哪一行的工作，都要努力成为行业里出类拔萃的人。如果一个人对成功有强烈的企图心，想不成功都很难！

记住：目标+行动+企图心=成功。

心中有了方向，才不会一路跌跌撞撞

切合实际的定位可以改变我们的人生。

一件商品、一项服务、一家公司，甚至是一个人，都需要定位。

人生重要的是找到自己的位置，并做好所有这个位置要做的事情。坐在自己的位置上，最心安理得，也最长久。

要找到自己的定位，必须首先了解自己的性格、脾气，了解了自己才能对自己有一个合适的定位。

每个人都可以在社会中寻找到适合自己的行业，并且把它做好。但并不是每个行业你都能做得最好，你需要寻找一个你最热爱、最擅长，能够做得最好的行业。

职业生涯定位就是自己这一辈子到底要成为一个什么样的人，自己的生命目的是什么，自己的核心价值观是什么，什么工作才是自己最好的工作，什么工作自己才能做得最好。

一个人的职业定位清晰，可以坚定自己的信念，可以明确自己的前进方向，可以发挥自己的最大潜能，可以实现自己的最大价值。毕竟，人生有限，我们没有太多的时间浪费在左右飘摇当中。

找到自己感兴趣的东西，找准自己的定位，是一个人成功的前提。

在给自己定位时，有一条原则不能变，即你无论做什么，都要选择你最擅长的。只有找准自己最擅长的，才能最大限度地发挥自己的潜能，调动自己身上一切可以调动的积极因素，并把自己的优势发挥得淋漓尽致，从而获得成功。

一个人只要找好自己的定位，然后为自己设定一个目标，用行动去实现自己的梦想，相信你以后也一定会成绩辉煌！

你是谁并不重要，重要的是你想要什么

不可否认，因为出生背景、受教育程度等各方面原因，每个人的起点有高低之分，但是起点高的人不一定能将高起点当作平台，走向更高的位置。起点低也不怕，心界决定一个人的世界，有想法才有地位。二十几岁的年轻人首先要渴望成功，才会有成功的机会。

在《庄子》开篇的文章是“小大之辩”。说北方有一个大海，海中有一条叫作鲲的大鱼，宽几千里，没有人知道它有多长。又有一只鸟，叫作鹏。它的背像泰山，翅膀像天边的云，飞起来，乘风直上九万里的高空，超绝云气，背负青天，飞往南海。蝉和斑鸠讥笑说：“我们愿意飞的时候就飞，碰到松树、檀树就停在上边；有时力气不够，飞不到树上，就落在地上，何必要高飞九万里，又何必飞到那遥远的南海呢？”

那些心中有着远大理想的人往往不能为常人所理解的，就像目光短浅的麻雀无法理解大鹏鸟的鸿鹄之志，更无法想象大鹏鸟靠什么飞往遥远的南海。因而，像大鹏鸟这样的人必定要比常人忍受更多的艰难曲折，忍受心灵上的寂寞与孤独。他们就要更加坚强，把这种坚强潜移到他的远大志向中去，这就铸成了坚强的

信念。这些信念熔铸而成的理想将带给大鹏鸟一颗伟大的心灵，而成功者正脱胎于这些伟大的心灵。尤其是起点低的人，更需要一颗渴望成功的进取心。

“努力向前。”如果你发现自己在拒绝这种来自内心的召唤、这种催你奋进的声音，那二十几岁的年轻人可要引起注意了。当这个来自内心、催你上进的声音回响在你耳边时，你要注意聆听它，它是你最好的朋友，将指引你走向光明和快乐，将指引你到达成功的彼岸。

实现众多小目标，追赶一个大梦想

二十几岁的年轻人如果想轻松打好人生这副牌，光有大目标做引导还不行，还必须一步一个脚印，制定每一个事业发展阶段的“短期目标”。

要实现自己的目标，需要把远期目标分解成当前可实现的目标。俗语说得好：“罗马不是一天建成的。”既然一天建不成辉煌的罗马，我们就应当专注于建造罗马的每一天。这样，把每一天连起来，终将会与成功邂逅。

不要迷失自己的目标，每次只把精力集中在面前的小目标上，这样，遥不可及的大目标便在眼前了。我们不必想以后的事，不必想一月、甚至一年之后的事，只要想着今天我要做些什么，明天我该做些什么，然后努力去完成，把手头的事办好了，成功的喜悦就会慢慢浸润我们的生命。

目标的力量是巨大的。目标应该远大，才能激发你心中的力量，但是，如果目标距离我们太远，我们就会因为长时间没有实现目标而气馁，甚至会因此变得自卑。所以我们实现大目标的最好方法，就是在大目标下分出层次，分步实现大目标。

在现实中，许多二十几岁的年轻人做事之所以会半途而废，往往不是因为难度较大，而是因为觉得距离成功太远。确切地说，他不是因为失败而放弃，而是因为倦怠而失败。所以二十几岁的年轻人一定要掌握这样的技巧：善于把大目标分解成小目标。如果能够尽力完成每一个阶段目标，那么最终的胜利也会唾手可得。

第四章 最好的你，就是比昨天更好的你

华丽地跌倒，总胜过无谓的徘徊

野兔是一种十分狡猾的动物，缺乏经验的猎手很难捕获到它们。但是一到下雪天，野兔的末日就到了。因为野兔从来不敢走没有自己脚印的路，当它从窝中出来觅食时，它总是小心翼翼的，一有风吹草动就会逃之夭夭。但走过一段路后，如果是安全的，它也会按照原路返回。猎人就是根据野兔的这一特性，只要找到野兔在雪地上留下的脚印，然后做一个机关，第二天早上就可以去收获猎物了。

兔子的致命缺点就是太相信自己走过的路了。许多时候，我们不是跌倒在自己的缺陷上，而是跌倒在自己的优势上。因为缺陷常常给我们以提醒，小心翼翼，而优势和经验却常常使我们忘乎所以，麻痹大意。

许多人喜欢登山这项运动，因为可以挑战自己，挑战极限。当人们把自己的足迹留在山顶上的时候，一种征服的成就感就会

油然而生。登山的过程中时刻伴随着危险，这是勇敢者的运动。但是只靠勇敢还是不够的，还需要力量、细心等等多种因素。

经验很重要，但不要只相信经验，完全凭自己的经验办事。经验不足或是经验过多都会导致失败，造成无法挽回的损失。

有的时候，优势是靠不住的，经验是会欺骗人的。所以要相信事实，多做准备，绝不能偏信所谓的经验，更不能依赖自己的优势。能正确看待自己的优势、懂得如何利用经验的人，才是真正的智者。

你唯一能把握的，是变成更好的自己

托尔斯泰说："世界上只有两种人：一种是观望者，一种是行动者。大多数人都想改变这个世界，但没人想改变自己。"要改变现状，就得改变自己。要改变自己，就要改变自己的观念。一切成就，都是从正确的观念开始的。一连串的失败，也都是从错误的观念开始。要适应社会，适应变化，就要改变自己。

哥伦布发现美洲大陆后，欧洲不断向美洲移民。为了得到足够的食物，欧洲人在美洲大量种植苹果树。但是在19世纪中期，美国的苹果大面积减产，原因是出现了一种新的害虫——苹果蛆蝇。

刚开始，人们以为害虫是被从欧洲带过来的。后来经过研究发现，苹果蛆蝇是由当地一种叫山楂蝇的变化而来。由于苹果树的大量种植，许多本地的山楂树被砍掉了，以山楂为生的山楂蝇为了适应这种情况，改变了自己的生活习性，开始以苹果为食物。在不到100年的时间里，山楂蝇进化成了一种新害虫。

山楂蝇为了适应环境，竟不惜改变自己的习性。生物适应环境的能力令人可敬可叹，那么人又该如何适应环境呢?

在威斯敏斯特教堂地下室里，英国圣公会主教的墓碑上写着这样一段话:

当我年轻自由的时候，我的想象力没有任何局限，我梦想改变这个世界。当我渐渐成熟明智的时候，我发现这个世界是不可能改变的，于是我将眼光放得短浅了一些，那就只改变我的国家吧！但是我的国家似乎也是我无法改变的。当我到了迟暮之年，抱着最后一丝努力的希望，我决定只改变我的家庭、我亲近的人——但是，唉！他们根本不接受改变。现在，在我临终之际，我才突然意识到：如果起初我只改变自己，接着我就可以依次改变我的家人。然后，在他们的激发和鼓励下，我也许就能改变我的国家。再接下来，谁又知道呢，也许我连整个世界都可以改变。

人生如水，人只能去适应环境。如果不能改变环境，就改变自己。只有这样，才能克服更多的困难，战胜更多的挫折，实现自我。如果不能看到自己的缺点与不足，只是一味地埋怨环境不利，从而把改变境遇的希望寄托在改换环境上面，这实在是徒劳无益的。

珍惜今天的人，才有资格谈明天

伟大的心理学家威廉·詹姆斯说：“以行动播种，收获的是习惯；以习惯播种，收获的是个性；以个性播种，收获的是命运。”既然如此，想要改变自己的命运和生活，你就要从最基本的行动做起，养成马上去做的习惯，从而改变个性，获得成功。

向前看，好像时间漫长无边；但回首，才知生命如此短暂！过去不能重新找回，将来还一直遥遥无期，唯一能把握、能利用的，也只有现在了！这是我们必须明白的人生道理。

每个人都希望梦想成真，成功却似乎远在天边遥不可及，倦怠和不自信让我们怀疑自己的能力。其实，我们不用想以后的事，只要把握现在，开始行动，成功的喜悦就会慢慢浸润我们的生命。

霍勒斯·格里利说过：“做事的方法就是马上开始。过去的已成历史，未来还遥不可及，我们能把握的只有现在。”什么事情一旦拖延，就总是会拖延，而你一旦开始行动，事情就有了转变。凡事及时行动就是成功的一半。

著名作家茅盾说过：“过去的，让它过去，永远不要回顾；未来的，等来了时再说，不要空想；我们只抓住了现在，用我们现在的理解，做我们所应该做的。”那么，要想人生没有遗憾，成就你的卓越人生，那就从现在起，朝着你的目标，开始行动吧！

要看清自己，不要看轻自己

如果沉在海底的话，一枚硬币和一枚价值连城的金币是一样的。只有将金币打捞上来，并且去使用它，才能显出它们价值的大小。同样的道理，当你学会激励自己发挥潜能时，你才变得真实而有价值。

绝大多数人不相信他们自己有能力实现愿望，因而他们也从不激励自己，反而是在关键时刻告诉自己："你不行的，还是别做白日梦了""我天生就是如此，再努力也没用了"……这些消极的语言不仅使他们丧失了自信，同时也封住了他们的潜能。成功者总是那些拥有积极心态并且善于激励自己的人。

卡耐基说过："不能激励自己的人，一定是一个平庸的人，无论他的才能如何出色。"激励是我们生活的驱动力量，它来自于一种希望成功的愿望。没有成功，生活中就没有自豪感，在工作和家庭中也就没有快乐与激情。

激励的作用是强大的，它能说服和推动你去行动。行动就像生火一样，除非你不断给它加燃料，否则就会熄灭。激励就是行动的燃料，源源不断地为你提供行动的能量。时时用对成功的渴望来激励自己，作为新员工，你就会有足够的动力去战胜困难到达成功的彼岸。激励的力量是无穷的，它让你有勇气和能力面对一切困境，也足以使你彻底改变自己。

学会激励自己，自我期望的程度越大，就会取得越大的成就。你认为自己行，你就一定行。

成功的关键就在于你的心中要一直相信自己，同时要不时地激励自己。成功不属于那些妄自菲薄的人。它偏爱那些相信自己并时刻激励自己前行的人。

（1）可以通过各种信息来鼓励你的身心、振奋你的精神。比如，背诵几句格言，或者阅读一些快乐有趣的小故事。当你周围充满鼓舞人心的事物时，就比较容易在事情发展不顺时继续前进并回到工作中。

（2）当你取得一些成就时，或者有进步时，不妨给自己一点奖励，满足自己的小愿望，以此好好鼓励自己。

（3）将你所处行业的最顶尖的人士的照片贴在办公桌或者床头，暗暗立下目标：我一定要做得和他一样出色！

（4）不断地告诉自己，我可以做得更好，我可以让这份工作更具意义，那么你能成为更加完美的员工。

（5）起床后就想象今天是完美快乐的一天，那么他是幸运的。对于那些并不很乐观的人，只要坚信这一点，那事情就有可能沿着他的情绪发展。这叫自我暗示。

（6）成功者在做事前，就相信自己能够取得成功，结果真的成功了，这是人的意识在起作用。人最怕的就是自己胡思乱想，自我设置障碍。做任何事，不要在心里制造失败，我们都要想到成功，要想办法把“一定会失败”的消极意念排除掉，增强自信心。

（7）每天只要花五分钟进行三次有意识的、积极的自我暗示。有规律的、积极的自我暗示能够快速改变一个人多年的习惯、态度以及思维方式。

（8）想象自己已经获得成功。成功者经常用这类暗示来提高自己的表现、康复身心和进行技巧的巩固。在上场之前，世界级的跳高运动员就常暗示自己已经跳过了横杆，而顶尖推销员在推销之前则经常想象他已经获得了订单。

你不必努力活得跟别人一样

当今社会，纷纭复杂，人言可畏。所以没有主见随波逐流的人，是永远不会取得成就的。要想获得成功，就应该凡事不随大流，要有自己的主见。

巴尔扎克若不坚定自己的作家梦，便不会有《人间喜剧》的诞生；达尔文若不坚持自己的主见，从事生物研究，便不会有进化论的面世……总而言之，没有自己的主见，便不能做自己的主人，更不能成就一番自己的事业。

为人处世要有主见，是众所周知的道理。但真能做到事事均有自己的主见，不为他人言行所左右，却非易事。

苏格拉底的学生曾经向他请教如何才能保持自我。苏格拉底让大家坐下来，他用拇指和中指捏起一个苹果，慢慢地从每个同学的座位旁边走过，一边走一边说：“请同学们集中注意力，注意嗅空气中的气味。”

然后，他回到讲台上，把苹果拿起来左右晃了晃，问：“有哪位同学闻到了苹果的味道？”

有一位学生举手站起来回答说：“我闻到了，这个苹果很香！”

“还有哪位同学闻到了？”苏格拉底又问。

学生们你望望我，我看看你，都不作声。

苏格拉底再次走下讲台，举着苹果，慢慢地从每一个学生的座位旁边走过，边走边叮嘱：“请同学们务必集中精力，仔细闻闻空气中的气味。”

回到讲台上，他又问：“大家闻到了苹果的气味了吗？”这次，绝大多数学生都举起了手。

稍停了一会儿，苏格拉底第三次走到学生中间，让每位学生都闻一闻苹果，回到讲台后，他再次提问：“同学们，大家闻到苹果的香味了吗？”

他的话音刚落，除一位学生外，其他学生全部都举起了手。那位没举手的学生左右看了看，慌忙也举起了手。

看到这种情景，苏格拉底笑着问：“大家闻到了什么味儿？”

学生们异口同声地回答：“苹果的香味！”

苏格拉底脸上的笑容不见了，他举着苹果缓缓地说：“非常遗憾，这是一个假苹果，什么味儿也没有。如果不能坚持自己的看法，是没有办法保持自我的。”

苏格拉底的意思非常明白：说话的人是别人，真正做事的却是你自己，没有主见的人永远没有正确的行动。坚持自己的主见，做一个独立的思想者，做一个激情的梦想者，做一个坚定的信仰者，你可能失去一些东西，但你将得到更多。

你不必为谁压抑，只需对得起自己

据说镌刻在古希腊宗教中心戴尔菲阿波罗神庙墙上的唯一一句箴言就是——认识你自己！

认识你自己，这句话备受西方人推崇，影响了西方几千年。的确，人类可以探索神秘的宇宙，认知奇妙的万物，却不能正确地认识自己。要想做一番事业，获得成功，你就应该对自己有清晰的认识，知道自己的优缺点，给自己定好位，“得知道自己是谁”。有一位哲人就说过：“准确定位是开创事业的第一步。”

在水生动物中，螃蟹是横着走路的，河虾倒退着走路。它们怪异的行走方式引来了不少嘲笑和讥讽。一天，敏捷矫健的银鱼嘲笑说：“螃蟹你真笨！横着走路！如果旁边有障碍物你怎么走啊？”聪明的章鱼也插嘴讥讽道：“河虾更傻，向前走多顺啊，可它偏偏倒着走，何时才能到头啊？”螃蟹和河虾听见了，只是淡淡一笑。它们心里知道，选择什么样的行走方式，是根据自己的身体情况决定的。只要有自知之明，了解自己的特点，把握好方向和目标，给自己定好位，横着走或者倒着走，都是一种前进的姿态。

齐庄公乘车出游的时候，在路上看见一只小小的螳螂伸出前臂，准备去阻挡车子的前进，齐庄公不由非常惊讶。车夫就告诉齐庄公："这种虫子凡是看到对手，就会伸出自己的前臂，想要抵挡对手的进攻，却往往没想过自己的力量有多大，所以经常被车压死。"

这就是成语螳臂当车的由来，以此来比喻那些没有自知之明，不自量力的人。

不自量力，自欺欺人，常常给自己带来危害，有时甚至丢掉性命。相比于可悲的螳螂，历史上许多伟大的人物之所以成功，是由于他们具有可贵的自知之明，在现实世界中找到了属于自己的最佳人生位置，并由此设计和塑造了自己。

认识你自己。要永远记住这句话。因为只有认识了你自己，才会认真反思自己，才能"不以物喜，不以己悲"，采取有效正确的行动，成就你的卓越人生。

第五章 你和梦想的距离，只差一个高情商的自己

相信自己，便无所畏惧

既然别人无法完全模仿你，也不一定做得来你能做得了的事，试想，他们怎么可能给你更好的意见？他们又怎能取代你的位置，来替你做些什么呢？所以，这时你不相信自己，又有谁可以相信？

坚强的自信，常常使一些平常人也能够成就神奇的事业，成就那些天分高、能力强但多虑、胆小、没有自信心的人所不敢尝试的事业。

你的成就大小，往往不会超出你自信心的大小。假如拿破仑没有自信的话，他的军队不会越过阿尔卑斯山。同样，假如你对自己的能力没有足够的自信，你也不能成就重大的事业。不企求成功、期待成功而能取得成功是绝不可能的，成功的先决条件就是自信。

自信心是比金钱、权势、家世、亲友等更有用的条件。它是人生可靠的资本，能使人努力克服困难，排除障碍，去争取胜利。对于事业的成功，它比任何东西都更有效。

假如我们去研究、分析一些有成就的人的奋斗史，我们可以看到，他们在起步时，一定有充分信任自己能力的坚强自信心。他们的心情、意志，坚定到任何困难险阻都不足以使他们怀疑、恐惧，他们也就能所向无敌了。

我们应该有“天生我材必有用”的自信，明白自己立于世，必定有不同于别人的个性和特色，如果我们不能充分发挥并表现自己的个性，这对于世界、对于自己都是一个损失。这种意识，一定可以使我们产生坚定的自信并助我们成功。

然而，没有人天生自信，自信心是志向，是经验，是由日积月累的成功哺育而成的。它来自经验和成功，又对成功起极大的推动作用。

也正因为自信并非天生，所以，自信可以从家庭中逐渐灌输或是自我培养。有些人认为成功者对自己的信心比较强，其实不见得。没有一个成功者不曾感到过恐惧、忧虑，只是他们在恐惧时都有办法克服恐惧感。大多数成功者有办法提升自己的自信。成功的人知道如何克服恐惧、忧虑，第一个方法就是唤起内心的自信。

成功者也并不是经常都能够击败恐惧与忧虑的，但是重要的是他们能够建立自信。一个阶段成功之后，接着才能想象下一个阶段。随着成功的不断累积，自信就会成为你性格的一部分。

相信自己能够成功，成功的可能性就会大为增加。如果自己心里认定会失败，就很难获得成功。没有自信，没有目标，你就会俯仰由人，终将默默无闻。

由此可知，自信对于一个人来说是多么重要，而它对于我们人生的作用也是多元而重要的，这主要表现在：

1.自信心可以排除干扰，使人在积极肯定的心态支配下产生力量，这种力量能推动我们去思考、去创造、去行动，从而完成我们的使命，促成我们的成功。

2.面对物欲横流的世界，面对许多不确定的因素，有信心的人，能坚守自己的理想、信念而不动摇，从而按自己的心愿，找到通向成功和卓越的道路。

3.信心赢得人缘。信心可以感染别人，一方面激发别人对你的认可，另一方面使更多的人获得信心。这样就容易赢得他人的好感，具有良好的人缘。而人缘好是人生的一大财富。

从古至今，人们出于创造更美好的生活的目的，对人的信心抱着崇高的期望。自信心的力量是巨大的，是追求成功者的有力武器。信心是成功的秘诀。拿破仑·希尔说：“我成功，因为我志在战斗。”

不论一个人的天资如何、能力怎样，他事业上的成就总不会超过其自信所能达到的高度。如果拿破仑在率领军队越过阿尔卑斯山的时候，只是坐着说：“我们是很难翻过这座山的。”

无疑，拿破仑的军队永远不会越过那座高山。所以，无论做什么事，坚定不移的自信心都是通往成功之门的金钥匙。

自信比金钱、势力、出身、亲友更有力量，是人们从事任何事业的最可靠的资本。自信能排除各种障碍、克服种种困难，能使事业获得完满的成功。有的人最初对自己有一个恰当的估计，自信能够处处胜利，但是一经挫折，他们却又半途而废，这是因为他们自信心不坚定的缘故。所以，树立了自信心，还要使自信心变得坚定，这样即使遇到挫折，也能不屈不挠、向前进取，绝不会因为一时的困难而放弃。

那些成就伟大事业的卓越人物在开始做事之前，总是会具有充分信任自己能力的坚定的自信心，深信所从事之事业必能成功。这样，在做事时他们就能付出全部的精力，破除一切艰难险阻，直达成功的彼岸。

因此，只有把自信深深扎根于我们心中，我们才能更好地利用自信，那么，我们应该如何来培养自己的自信呢？

1.建立自信，首先要了解自己，认识自己，根据自身的条件和现实环境，使自己的长处得到发挥。

2.不论什么集会，都要鼓足勇气，坐到最前排。

3.当别人和自己说话时，要正视对方的眼睛，要让对方感觉到你们是平等的，你有信心赢得他的敬重。

4.通过提高自己走路的速度来改变自己的心情。

5.养成主动与别人说话的习惯来增强自己的自信心。

6.经常默读“有志者事竟成”，“积少成多，聚沙成塔”，“黑暗中总有一线光明”等励志的谚语，增强自己的自信心。

7.经常放声大笑。

只要你还能去追，就应该不抱怨地前进

人生如同一只在大海中航行的帆船，掌握帆船的航向与命运的舵手便是自己。有的帆船能够乘风破浪，逆水行舟，而有的却经不住风浪的考验，过早地离开大海，或是被大海无情地吞噬。之所以会有如此大的差别，不在别的，而是因为舵手对待生活的态度不同。前者被乐观主宰，即使在浪尖上也不忘微笑；后者是悲观的信徒，即使起一点风也会让他们胆战心惊，祈祷好几天。一个人或是面对生活闲庭信步，抑或是消极被动地忍受人生的凄风苦雨，都取决于对待生活的态度。

生活如同一面镜子，你对它笑，它就对你笑；你对它哭，它也以哭脸相示。

一个人快乐与否，不在于他处于何种境地，而在于他是否持有一颗乐观的心。对于同一轮明月，在泪眼蒙胧的柳永那里就是：“杨柳岸，晓风残月。此去经年，应是良辰好景虚设。”而到了潇洒飘逸、意气风发的苏轼那里，便又成为：“但愿人长久，千里共婵娟。”同是一轮明月，在持不同心态的不同人眼里，便是不同的，人生也是如此。

上天不会给我们快乐，也不会给我们痛苦，它只会给我们

生活的作料，调出什么味道的人生，那只能在我们自己。你可以选择从一个快乐的角度去看待它，也可以选择从一个痛苦的角度去看待它，同做饭一样，你可以做成苦的，也可以做成甜的。所以，你的生活是笑声不断，还是愁容满面，是披荆斩棘、勇往直前，还是缩手缩脚、停滞不前，这不在他人，都在你自己。

在人生的旅途上，我们必须以乐观的态度来面对失败。因为在人生之路上，一帆风顺者少，曲折坎坷者多，成功是由无数次失败构成的，正如美国通用电气公司创始人沃特所说："通向成功的路就是：把你失败的次数增加一倍。"但失败对人毕竟是一种"负性刺激"，总会使人产生不愉快、沮丧、自卑。那么，如何面对、如何自我解脱，就成为能否战胜自卑、走向自信的关键。

面对挫折和失败，唯有乐观积极的心态才是正确的选择。其一，做到坚忍不拔，不因挫折而放弃追求；其二，注意调整、降低原先脱离实际的"目标"，及时改变策略；其三，用"局部成功"来激励自己；其四，采用自我心理调适法，提高心理承受能力。

既然乐观的性格对于我们每一个人来说是如此之重要，那么，我们更应该注意加强对乐观心态的培养：

一、要心怀必胜、积极的想法

当我们开始运用积极的心态并把自己看成成功者时，我们就开始成功了。但我们绝不能仅仅因为播下了几粒积极乐观的种子，然后指望不劳而获，我们必须不断给这些种子浇水，给幼苗培土施肥，才会收获成功的人生。

二、用美好的感觉、信心与目标去影响别人

随着你的行动与心态日渐积极，你就会慢慢获得一种美满人生的感觉，信心日增，人生的目标也越来越清晰，而别人也会被你所吸引，进而被你所影响。

三、学会微笑

微笑是上帝赐给人类的专利，微笑是一种令人愉悦的表情。面对一个微笑着的人，你会油然感到他的自信、友好，同时这种自信和友好也会感染你，使你也油然而生出自信和友好来，使你和对方亲切起来。微笑可以鼓舞对方，可以融化人们之间的陌生和隔阂。

永远也不要消极地认为什么事都是不可能的。首先你要认为你能，然后去尝试、再尝试，最后你发现你确实能。所以，把“不可能”从你的字典里去掉，把你心中的这个观念铲除掉。谈话中不提它，想法中排除它，态度中去掉它、抛弃它，不再为它提供理由，不再为它寻找借口，用“可能”代替它。

四、经常使用自动提示语

积极心态的自动提示语不是固定的，只要是能激励我们积极思考、积极行动的词语，都可以成为自我提示语。经常使用这种自我激发行动的语句，并融入自己的身心，就可以保持积极心态，抑制消极心态，形成强大的动力，进而达到成功的目的。

原谅生活，是为了更好地生活

我们在茫茫人世间，难免会与别人产生误会、摩擦。如果不注意，在我们轻动仇恨之时，仇恨袋便会悄悄成长，最终会导致堵塞了通往成功之路。所以我们一定要记着在自己的仇恨袋里装满宽容，那样我们就会少一分烦恼，多一分机遇。宽容别人也就是宽容自己。

学会宽容，对于化解矛盾、赢得友谊，保持家庭和睦、婚姻美满，乃至事业的成功都是必要的。因此，在日常生活中，无论对子女、对配偶、对同事、对顾客等都要有一颗宽容的爱心。

哲人说，宽容和忍让的痛苦能换来甜蜜的结果。这话千真万确。古时候有个叫陈嚣的人，与一个叫纪伯的人做邻居。有一天夜里，纪伯偷偷地把陈嚣家的篱笆拔起来，往后挪了挪。这事被陈嚣发现后，心想，你不就是想扩大点地盘吗，我满足你。他等纪伯走后，又把篱笆往后挪了一丈。天亮后，纪伯发现自家的地又宽出了许多，知道是陈嚣在让他，他心中很惭愧，主动找到陈家，把多侵占的地统统还给了陈家。

忍让和宽容说起来简单，可做起来并不容易。因为任何忍让和宽容都是要付出代价的，甚至是痛苦的代价。人的一生谁都会碰到个人的利益受到他人有意或无意的侵害的事情。为了培养和锻炼良好的素质，你要勇于接受忍让和宽容的考验，即使感情无法控制时，也要管住自己的大脑，忍一忍，就能抵御急躁和鲁莽，控制冲动的行为。如果能像陈嚣那样再寻找出一条平衡自己心理的理由，说服自己，那就能把忍让的痛苦化解，产生出宽容和大度来。

生活中有许多事当忍则忍，能让则让。忍让和宽容不是怯懦胆小，而是关怀体谅。忍让和宽容是给予，是奉献，是人生的一种智慧，是建立人与人之间良好关系的法宝。一个人经历一次忍让，会获得一次人生的靓丽，经历一次宽容，会打开一道爱的大门。

宽容是一种艺术，宽容别人不是懦弱，更不是无奈的举措。在短暂的生命中学会宽容别人，能使生活中平添许多快乐，使人生更有意义。当我们在憎恨别人时，心里总是愤愤不平，希望别人遭到不幸、惩罚，却又往往不能如愿，一种失望、莫名烦躁之后，使我们失去了往日那轻松的心境和欢快的情绪，从而心理失衡；另一方面，在憎恨别人时，由于疏远别人，只看到别人的短处，言语上贬低别人，行动上敌视别人，结果使人际关系越来越僵，以致树敌为仇。我们“恨死了别人”。这种嫉恨的心理对我们的不良情绪起了不可低估的作用。

而且，今天记恨这个，明天记恨那个，结果朋友越来越少，对立面越来越多，这会严重影响人际关系和社会交往，成为“孤家寡人”。这样一来，不仅负面生活事件越来越多，而且自身的承受能力也越来越差，社会支持则不断减少，以致情绪一落千丈，一蹶不振。可见，憎恨别人，就如同在自己的心灵深处种下了一粒苦种，不断伤害着自己的身心健康，而不是如己所愿地伤害被我们所憎恨的人。所以，在遭到别人伤害、心里憎恨别人时，不妨做一次换位思考，假如你自己处于这种情况，会如何应付？当你熟悉的人伤害了你时，想想他往日在学习或生活中对你的帮助和关怀，以及他对你的一切好处，这样，心中的火气、怨气就会大减，就能以包容的态度谅解别人的过错或消除相互之间的误会，化解矛盾，和好如初。这样，包容的是别人，受益的却是自己。自己就能始终在良好的人际关系中心情舒畅地学习与工作。

无论你一生中碰到如何不顺利的事情，遭遇到如何凄凉的境界，你仍然可以在你的举止之间显示出你的包容、仁爱，你的一生将受用无穷。

其实，学着去宽容地对待别人和自己并没有我们想象中的那么难，在我们生活中的一些细节之处能做到以下几点就很不错了：

一、得理且饶人

不要抓住他人的错误或缺点不放，得饶人处且饶人，这样不仅会减少矛盾，也会提升自己的善良品质，进而会形成一种良好的社会风气。这种与人为善、悲悯众生的品德，正是人类生存所需要的美德。有缺陷，有急难，甚至有罪的芸芸众生，谁没有一处两处需要别人帮助呢？从根本上说，谁又有资格装出天主的样子来审判和惩罚他人呢？谁没有偶尔疏忽或急中出错，需要别人宽恕的时候呢？如果我们拘泥于这种低层次的偏执，则不仅会使他人尴尬难堪，悲从中生，也会让自己无端生仇。而且在人的这种相互计较中，社会阴暗面上升了。从某种意义上来说，向善大于任何对错是非和人间法律。记住这些话，不为难人，得饶人处且饶人。不仅对一般人，也包括那些与我们结有仇怨，甚至是怀有深仇大恨的人。做人要给他人善缘，对他人宽容。

二、爱我们的敌人

“爱我们的敌人”是一个颠扑不破的真理。在这个世界上，充满包容的心灵里是不会有任何敌人的。爱我们的敌人，这一处世之道包含了真知灼见，因为如果憎恨我们的敌人，只会使正在燃烧的怒火火上浇油，而宽容则能熄灭我们的仇恨之火。

在我们身上有这样一种规则：用善意来回应善意，用凶残来回应凶残。即使是动物也会对我们的各种思想做出相应的反应。1个驯兽员通过亲切友好的善意，用1根细绳便能指挥一头野兽，但如果靠暴力，也许10个人都不能将这只野兽动一下。一个佛教徒说：“如果一个人对我不怀好意，我将慷慨地施予我的包容、仁爱之意。他的邪恶意图越强，我的善良之意也就越多。”

三、善于自制

我们要宽容一个侵犯我们尊严、利益的人，这宽容中本来就包含着自制的内容。一个不能控制自己的人，往往情绪激动、指手画脚，就会把本来可以办成的事办砸了。这是成大事者的大戒。

因此，为人处世要以身作则。只有自己做好了，才能让别人信服，同样，只有有自制力的人，才能很好地宽容他人。

四、求同存异

人与人之间的冲突，很多是因为个性上的差异。其实，只要我们用宽容的心态求同存异，人际关系肯定会有很大改观的。和人相处，如果总是强调差异，就不会相处融洽。强调差异会使人与人之间的距离越来越远，甚至最终走向冲突。

要减少差异，就要设身处地地为别人着想，以达成共识。为别人着想，就会产生同化，彼此间的关系就会更加融洽。如果把注意力放在别人和自己的共同点上，与人相处就会容易一些。同化就是找共同点。

用宽容之心把自己融进对方的世界，这个时候，无需恳求、命令，两人自然就会合作做某件事情。没有人愿意和那些跟自己作对的人合作。在人与人交往的过程中，每一个人都会有意无意地在想："这人是不是和我站在同一立场上？"人与人之间的关系，要么非常熟悉，要么非常冷漠，要么立场相同，要么南辕北辙。不管人和人有多么不同，在这一点上，你和你眼中的对手倒是一致的。唯有先站在同一立场上，两人才有合作的可能。就算是对手，只要你找出和他的共同利益关系，你们就可以走到一起来。

勇气不是没有恐惧，而是即使恐惧依旧坚持下去

一个人要想干成一番事业，不但会遭遇挫折，而且还会遭逢困难和艰辛。

困难只能吓住那些性格软弱的人。对于真正坚强的人来说，任何困难都难以迫使他就范。相反，困难越多，对手越强，他们就越感到拼搏有味道。黑格尔说：“人格的伟大和刚强只有借矛盾对立的伟大和刚强才能衡量出来。”

在困难面前能否有迎难而上的勇气有赖于和困难拼搏的心理准备，也有赖于依靠自己的力量克服困难的坚强决心。许多人在困境中之所以变得沮丧，是因为他们原先并没有与困难作战的心理准备，当进展受挫、陷入困境时便张皇失措，或怨天尤人，或到处求援，或借酒消愁。这些做法只能徒然瓦解自己的意志和毅力，客观上是帮助困难打倒自己。他们不打算依靠自己的力量去克服困难，结果，一切可以征服困难的可行计划便都被停止执行，本来能够克服的困难也变得不可克服了。还有的人，面对很强的困难不愿竭尽自己的全力，当攻不动困难时，便心安理得地寻找理由：“不是我不努力，而是困难太大了。”不言而喻，这种人永远也找不到克服困难的方法。

问题不仅仅是生活中可以接受的一部分，而且对于阅历丰富的人而言，它也是必不可少的。如果你不能聪明地利用你的问题，就绝不会掌握任何技能。最重要的是，任何时候，你都不

要退缩。如果你现在不去面对问题，不去解决它，那么，日后你终将遇到类似的问题。把你的失望降低到最低程度，你才会认识到，心灵上能够逾越困境才是受用一生的最大财富。

看到成功人士的成功，看到那份勇气，你会多少有点贪恋。正是这份勇气才使成大事者成功。他们在生活中跌倒，能够爬起来；他们在生活中被困扰，能够寻找出口。他们总是把自己过去的失败看作是一种勇气的复得。而你现在要做的就是找到这份勇气，去揭开生活的秘密。

是的，真正坚强的人，不但在碰到困难时不害怕困难，而且在没有碰到困难时，还积极主动地寻找困难，他们是具有更强的成就欲的人，是希望冒险的开拓者，他们更有希望获得成功。

要善于检验你人格的伟大力量。你应该常常扪心自问，在除了自己的生命以外，一切都已丧失了以后，在你的生命中还剩余些什么？即在遭受失败以后，你还有多少勇气？假使你在失败之后，从此振作不起，放手不干而自甘屈服，那么别人就可以断定，你根本算不上什么人物；但假如你能雄心不减、进步向前，不失望、不放弃，则可以让别人知道，你的人格之高、勇气之大，是可以超过你的损失、灾祸与失败的。

或许你要说，你已经失败很多次，所以再试也是徒劳无益；你跌倒的次数过多，再站立起来也是无用。对于有勇气的人，绝没有什么失败！不管失败的次数怎样多，时间怎样晚，胜利仍然是可期的。

当然，勇敢也是可以培养出来的。

要克服说话胆怯的心理，可以从以下几个方面做起：

1.树立信心。只要树立信心，不怕别人议论，用自己的行动来鼓励自己，就肯定会获得成功。

2.积极参加集体活动。参加集体活动是帮助克服恐惧感，减少退缩行为的好办法。

3.客观评价自己。相信自己的才能，多肯定自己，并用积极进取的态度看待自己的不足，减少挑剔，摆脱自我束缚。

要克服与人交往、与人交谈的恐惧，以下几种方法是有效的训练手段：

1.训练自己盯住对方的鼻梁，让人感到你在正视他的眼睛。

2.径直迎着别人走上前去。

3.开口时声音洪亮，结束时也会强有力；相反，开始时声音细弱，闭嘴时也就软弱。

4.学会适时地保持沉默，以迫使对方讲话。

5.会见一位陌生人之前，先列一个话题单子。

其实，勇气就是这么来的，越是困难的工作，越勇于承担，硬着头皮，咬紧牙关，强迫自己深入进去。随着时间的推移，会由开始的生疏到后来的熟练，由开始的紧张到后来的轻松，慢慢体会到自己的力量，增强自信心和勇气。

别人越泼你冷水，越要让自己热气腾腾

唯有坚忍不拔才能克服任何困难。一个人有了持久心，谁都会对他赋予完全的信任；有了持久心的人到处都会获得别人的帮助。对于那些做事三心二意、无精打采的人，谁都不愿信任或援助他，因为大家都知道他们做事靠不住。

探究一些人失败的原因，并不是他们没有能力、没有诚心、没有希望，而是因为他们没有坚忍不拔的持久心，这种人做起事来往往有头无尾、东拼西凑。他们怀疑自己是否能够成功，永远决定不了自己究竟要做哪一件事，有时他们看好了一种工作，以为绝对有成功的把握，但中途又觉得还是另一件事比较妥当顺利。这种人到头来总是以失败告终，对他们所做的事不仅别人不敢担保，而且连他们自己也毫无把握。他们有时对目前的地位心满意足，但不久又产生种种不满的情绪。

坚忍，是克服一切困难的保障，它可以帮助人们成就一切事情，达到理想。

有了坚忍，人们在遇到大灾祸、大困苦的时候，就不会无所适从；在各种困难和打击面前，仍能顽强地生活下去。世界上没有其他东西可以代替坚忍，它是唯一的，是不可缺少的。

坚忍，是所有成就大事业的人的共同特征。他们中有的人或许没有受过高等教育，或许有其他弱点和缺陷，但他们一定都是坚忍不拔的人。劳苦不足以让他们灰心，困难不能让他们丧志。

不管遇到什么曲折，他们都会坚持、忍耐着。

以坚忍为资本去从事事业的人，他们所取得的成功，比以金钱为资本的人更大。许多人做事有始无终，就因为他们没有充分的坚忍力，使他们无法达到最终的目的。然而，一个伟大的人，一个有坚忍力的人却绝非这样。他不管任何情形，总是不肯放弃，不肯停止，而在再次失败之后，会含笑而起，以更大的决心和勇气继续前进。他不知失败为何物。

做任何事，是否不达目的不罢休，这是测验一个人品格的一种标准。坚忍是一种极为可贵的德行。许多人在情形顺利时肯随大众向前，也肯努力奋斗。但当大家都退出，都已后退时，还能够独自一人孤军奋战的人，才是难能可贵的。这需要很强的坚忍力。

对于一个希望获得成功的人，要始终不停地问自己："你有耐性、有坚忍力吗？你能在失败之后，仍然坚持吗？你能不管任何阻碍，　直前进吗？"

你只有充分发挥自己的天赋和本能，才能找到一条连接成功的通天大道。一个下定决心就不再动摇的人，无形之中能给人一种最可靠的保证，他做起事来一定肯于负责，一定有成功的希望。因此，我们做任何事，事先应打定一个尽善的主意，一旦主意打定之后，就千万不能再犹豫了，应该遵照已经定好的计划，按部就班地去做，不达目的绝不罢休。举个例子来说：一位建筑师打好图样之后，若完全依照图样，按部就班地去动工，一所理想的大厦不久就会成为实物，倘若这位建筑师一面建造，一面又把那张图样东改一下，西改一下，试问这所大厦还有成功之日吗？成功者的特征是：绝不因受到任何阻挠而颓丧，只知道盯住目标，勇往直前。世上绝没有一个遇事迟疑不决、优柔寡断的人能够成功。

获得成功有两个重要的前提：一是坚决，二是忍耐。人们最相信的就是意志坚决的人，当然意志坚决的人有时也许会遇到艰难，碰到困苦、挫折，但他绝不会惨败得一蹶不振。我们常常听到别人问："他还在干吗？"这就是说："那个人的前途还没有绝望。"

如何培养坚忍的性格？很简单，只要你确定人生的目标，专注于你的目标，那么你所有的思想、行动及意念都会朝着那个方向前进。韧性是身体健康的一部分，不管发生了什么情况，你必须具有坚持工作完成到底的能力。韧性是身体健康和精神饱满的一种象征，这也是你成为领导者并赢得卓越的驾驭能力所必需的一种个人品质。韧性是与勇气紧密相关的，当真正遇到困难时你所必备的一种坚持到底的能力，是既得具有可以跑上几千米的能力，还得具有百米冲刺的能力。韧性是需要忍受疼痛、疲劳、艰苦，并体现在体力上和精神上的持久力。

韧性是你在极其艰苦的精神和肉体的压力下所具有的长期从事卓有成效的工作能力，忍耐力是需要你长时间付出额外的努力的。坚忍是一种你想具备卓越的驾驭人的能力所必须培养的重要的个人品质。

谦逊的空杯才能盛更多的水

自古以来，我国人民就有谦虚的美德，有许多这方面的格言警句启迪后人。如“谦受益，满招损”“谦虚使人进步，骄傲使人落后”“虚心竹有低头叶，傲骨梅无仰面花”“百尺竿头，还要更进一步”。

事实上也是如此，没有一个人能够有骄傲的资本，因为任何一个人，即使他在某一方面的造诣很深，也不能够说他已经彻底精通、彻底研究全了。“生命有限，知识无穷”，任何一门学问都是无穷无尽的海洋，都是无边无际的天空……所以，谁也不能够认为自己已经达到了最高境界而停步不前、趾高气扬。如果那样的话，则必将很快被同行赶上，很快被后人超过。

爱因斯坦是20世纪世界上最伟大的科学家之一，他的相对论以及他在物理学界其他方面的研究成果，留给我们的是一笔取之不尽、用之不完的财富。然而，即使这样，他还是在有生之年不断地在学习、研究，活到老，学到老。

有人问爱因斯坦，说：“您可谓是物理学界空前绝后的人才了，何必还要孜孜不倦地学习呢？何不舒舒服服地休息呢？”

爱因斯坦并没有立即回答他这个问题，而是找来一支笔、一张纸，在纸上画上一个大圆和一个小圆，对那位年轻人说：“在目前的情况下，在物理学这个领域里可能是我比你懂得略多一些。正如你所知的是这个小圆，我所知的是这个大圆，然而整个物理学知识是无边无际的。对于小圆，它的周长小，即与未知领域的接触面小，你感受到自己的未知少；而大圆与外界接触的这一周长大，所以更感到自己的未知东西多，会更加努力去探索。”

“宽阔的河流平静，学识渊博的人谦虚。”凡是对人类发展做出巨大贡献的伟大人物，都有着谦逊的美德。

别在该理性的时候太感性

理智表现为一种明辨是非、通晓利害以及控制自己行为的能力。具备这种能力，并且使之成为一种持续的倾向时，你便拥有了理智的性格。

凡是具备理性性格的人，性情稳定、思想成熟、思维全面、做事周密，因此成功的概率很高。

要培养自己理智的性格，主要把握以下两个方面：

一、学会理性思考

对于一个追求成功的人来说，培养理性思考的习惯十分重要。善于理性思考的人遇事不乱，能够保持冷静的头脑，能够具有良好的判断能力。

英国商人杰克到中国来旅游，看到大街上的人都显得很匆忙，于是问导游：“为什么他们看上去这么匆忙？有很多事要做吗？需要多少时间？”导游回答说：“他们早上去上班，每天工作8个小时，加上路上时间，少说也得十来个小时，这是很正常的现象啊。难道你们不忙吗？”

杰克说：“并不像你想的那样，真正善于思考的人应该生活得清闲又富余，做1小时的工作所得的报酬超过一般人做10个小时的所得。这些人整天忙忙碌碌，累了就睡，醒来又工作，根本不给自己思考的时间，生活的状况也就无法改变。如果他们能多一点思考，一定不会如此忙碌，也不会平平淡淡地过完这一生。”

这位商人的话形象地说明，如果充分发挥理性思考的作用，将从本质上改变我们的人生。

二、由表及里

一个不能通过表面现象看到事物本质的人不会是成功者。

加利福尼亚曾经出现过一股淘金热潮，年仅17岁的约翰也加入到此次浪潮之中。他来到加利福尼亚以后，却发现加州并不是遍地黄金，更重要的是人们淘金的山谷水源奇缺，于是在经过理性分析后，决定避开热潮，不去淘金，而是去找水源。几经周折，约翰终于找到了水源。众多淘金者终日劳累，也不可能挖到多少金矿。而他为这些人提供饮水，却成为一位富翁。

理智的性格，应该是不为表象所迷惑，而是从现象到本质，由表及里，这样才会获得与众不同的成功。

不仅如此，理性的人还十分擅长理财，他们总是运用他们的理性来进行理财，从而让自己变得富裕，因此，运用理性进行理财也是我们应该去学习的一个方面。

1.制订详细的预算计划并养成习惯，然后按照计划去执行。

2.减少手头的现金。手头的闲钱少了，头脑发热的消费、财大气粗的消费、互相攀比的消费、虚荣的消费就都少了，能免则免，小钱也能积累成大钱。

3.养成勤俭节约的习惯。从点滴做起，节省开支，不管开源做得怎么样，节流总是不错的。从现在开始，应该慢慢培养自己对金钱的感觉，理解了钱的重要性，就会注意自己的开支。没有计划和预算的花费，是对自己辛苦劳动的否定。

别让你的梦想，一直是个空想

果断，是指一个人能适时地做出经过深思熟虑的决定，并且彻底地实行这一决定，在行动上没有任何不必要的踌躇和疑虑。果断是成大事者积累成功的资本。

果断的个性，能使我们在遇到困难时克服不必要的犹豫和顾虑，勇往直前。有的人面对困难，左顾右盼、顾虑重重，看起来思虑全面，实际上茫无头绪，这样不仅分散了同困难做斗争的精力，更重要的是会销蚀同困难做斗争的勇气。果断的个性在这种情况下，则表现为沿着明确的思想轨道，摆脱对立动机的冲突，克服犹豫和动摇，坚定地采纳在深思熟虑基础上拟定的克服困难的方法，并立即行动起来同困难进行斗争，以取得克服困难的最大效果。

果断的个性，能够帮助我们在执行工作和学习计划的过程中，克服和排除同计划相对立的思想和动机，保证善始善终地将计划执行到底。思想上的冲突和精力上的分散，是优柔寡断的人的重要特点。这种人没有力量克服内心矛盾着的思想和情感，在执行计划的过程中，尤其是在碰到困难时，往往长时间地苦恼着该怎么办，怀疑自己所作决定的正确性，担心决定本身的后果和实现决定的结果，老是往坏的方面想，犹犹豫豫，因而计划老是执行不好。而果断的个性，则能帮助我们坚定有力地排斥上述这种胆小怕事的、顾虑过多的庸人自扰，把自己的思想和精力集中于执行计划本身，从而加强了自己实现计划、执行计划的能力。

果断的个性，可以使我们在形势突然变化的情况下，能够很快地分析形势，当机立断、不失时机地对计划、方法、策略等做出正确的改变，使其能迅速地适应变化了的情况。而优柔寡断者一旦形势发生剧烈变化就惊慌失措，无所适从。他们不能及时根据变化了的情况重新做出决策，而是左顾右盼、等待观望，以致坐失良机，常常被飞速发展的情势远远抛在后面。

可见，果断的个性无论是对领导者还是对普通劳动者，无论是对于工作还是对于生活和学习，都是需要的。

果断的个性，产生于勇敢、大胆、坚定和顽强等多种意志素质的综合。

果断的个性，是在克服优柔寡断的过程中不断增强的。人有发达的大脑，行动具有目的性、计划性，但过多的事前考虑往往使人犹豫不决，陷入优柔寡断的境地。许多人在采取决定时，常常感到这样做也有不妥，那样做也有困难，无休止地纠缠于细节问题，在诸方案中徘徊犹豫，陷入束手无策和茫然不知所措的境地，这就是事前思虑过多的缘故。大事情是需要深思熟虑的，然而生活中真正称得上大事的并不多。况且，任何事情，总不能等待形势完全明朗时才作决定。事前多想固然重要，但“多谋”还要“善断”，要放弃在事前追求“万全之策”的想法。实际上，事前追求百分之百的把握，结果却常常是一个真正有把握的办法也拿不出来。果断的人在采取决定时，他的决定开始时也不可能会是什么“万全之策”，只不过是诸方案中较好的一种。但是在执行过程中，他可以随时依据变化了的情况对原方案进行调整和补充，从而使原来的方案逐步完善起来。“万事开头难”，许多事情开始之前想来想去，这样也无把握，那样也不保险。当减少那些不必要的顾虑后真正下决心干起来，做着做着事情就做顺了。

当然，果断性格也不是天生就有的，它是通过后天锻炼得来的。我们可以通过以下六个方面来锻炼自己的果断性格。

1.把握时机，学会决断。每个成功的人在关键时刻都能把握时机，对事情做出果断的判决，而失败的人才犹犹豫豫，不能决断。

艾青说：“梦里走了好多路，醒来却依然在床上。”梦想再多也无济于事，只有敢于行动才能实现目标，这也说明了决断是事业成败的关键。

2.善于独立思考，不要被别人的意见所左右，只要是自己认准的事，就全力以赴地去实施。

3.当机遇出现在面前时，千万不要犹豫，因为机遇稍纵即逝。倘若犹豫不决，患得患失，只会错失良机。

4.有勇气为自己的选择负责。人生是一个不断选择的过程，其中最关键的就是要有勇气承担自己选择的后果。每一次选择都有风险，即使失败也不能气馁，勇于对自己的选择负责也是一种果断的表现。

5.做事切记瞻前顾后，让到手的好机会溜走。要充分把握机会，该下决心的时候，一定要果断、利落。

6.要谨慎。果断做决定时也要谨慎，不要轻率、冒失，要不然害人害己。

因此，果断是一种气质，果断是一种性格，果断是一种意境，果断是一种美，让人感觉希望明朗。果断能给人更多的安全感，果断让人面临更多成功的机会。优柔寡断只能误事。有人说，犹豫不决、优柔寡断足可以毁掉一个天才。即使真正具备某种天赋，我们也要培养果断的性格，切忌做事犹豫不决，优柔寡断。

你有多自律，就有多自由

李嘉诚说：“自制是修身立志成大事者必须具备的能力和条件，希望每个人都能做到自制。”

从本质上讲，自制就是你被迫行动前，有勇气自动去做你必须做的事情。自制往往和你不愿做或懒于去做但却不得不做的事情相联系。“制”既然是规范，当然是因为有行为会越出这个规范。比如，刷牙洗脸是每天必须要做的事情，但是有一天你回到家筋疲力尽，如果你倒床就睡，是在放纵自己的行为；如果你克服身体上的疲惫，坚持进行洗漱，这是你自制的表现。人们往往会遇到一些让自己讨厌或使行动受阻挠的事情，而在这种情况下，你就应该克服情绪的干扰，接受考验。

自制的方式一般来说有两种：一是去做应该做而不愿或不想做的事情；一是不做不能做、不应做而自己想做的事情。比如，你每天早晨坚持锻炼身体，某一天天气特别寒冷，你不想冒着寒冷继续坚持，但是你最终走出家门，继续锻炼，这就属于前者。后者的表现也较多，你喜欢抽烟，但到了无烟室，你必须强忍住内心的欲望不抽烟。

一般情况下，自制和意志是紧密相连的，意志薄弱者，自制能力较差；意志顽强者，自制能力较强。加强自制也就是磨炼意志的过程。

自制对于个人的事业来讲，发挥着重要的作用，加强自制有助于磨砺心志，有助于良好品性的形成，会使人走向成功。

克制自己是成功的基本要素之一！太多的人不能克制自己，不能把自己的精力投入到他们的工作中，完成自己伟大的使命。这可以解释成功者和失败者之间的区别。年轻人，即使天掉下来，你也要克制住自己！要学会自我克制！这是品格的力量。要有克服困难的意志。能够驾驭自己的人，比征服了一座城池的人还要伟大。是“意志”造就人，造就机遇，造就成功。

人类是有自我意识的高级动物，只要我们有意识地去进行自我控制，一定可以成功。下面是一些有效进行自我控制的方法：

一、尽量不要发怒

“匹夫之怒，以头抢地尔”，发怒不但解决不了问题，而且容易把问题复杂化，容易伤害别人和自己。

二、受到不公平对待时，不要怨天尤人

这是一种消极的心理，不但得不到别人的同情，反而容易引起别人的反感。

三、要改变自己急躁的习惯

有些事情着急也是没有用的，该来的终究会来，该发生的终究会发生。保持镇定自若，稳如泰山。要知道，欲速则不达，急于求成反而会深受其害。

四、受到别人不公平待遇时，要抑制住自己的委屈

一个人可以一时受委屈，但不会一世受委屈。就像太阳一样，它是最公正无私的，然而它的光芒也无法照遍地球上的每一

个角落。天总有晴空万里的时候，人总有扬眉吐气的时候，关键是自己要看得开、放得下。

五、要抑制住自己悲愤的情绪

社会上的人各色各样，谁都免不了受到伤害。所以，在努力保护自己的同时，要冷静理智地寻求解决问题的办法，而不要悲愤难当。

六、不要像井底之蛙一样狂妄自大

狂妄会让别人讨厌，会引起别人对自己的排挤。其实，任何能力都有局限性，强中自有强中手，能人背后有能人。

七、学会自我娱乐

要经常进行自我娱乐来调节身心，使自己轻松快乐，但不可过度，因为“业精于勤荒于嬉，行成于思毁于随”。

八、不要放纵自己

“酒是穿肠的毒药，色是刮骨的钢刀”，切记不可放纵自己，使自己迷失方向，使自己意志涣散，走向堕落。

自制是在行动中形成的，也只能在行动中体现，除此之外，再没有别的途径。梦想自己变成一个自制的人就会变成一个自制的人吗？靠读几本关于如何自制的书就能成为一个自制的人吗？只是不停地自我检讨就能成为一个自制的人吗？答案都是否定的。

自制的养成是一个长期的过程，不是一朝一夕的事情。因此，要自制首先就得勇敢面对来自各方面的一次次对自我的挑战，不要轻易地放纵自己，哪怕它只是一件微不足道的事情。

自制，同时也需要主动，它不是受迫于环境或他人而采取的行为；而是在被迫之前就采取的行为。前提条件是自觉自愿地去做。

在日常生活中，时时提醒自己要自制，同时你也可以有意识地培养自制精神。比如，针对你自身性格上的某一缺点或不良习惯，限定一个时间期限，集中纠正，效果比较好。

千万不要纵容自己，给自己找借口。对自己严格一点儿，时间长了，自制便成为一种习惯，一种生活方式，你的人格和智慧也因此变得更完美。

每件事未必都有意义，而热忱赋予它生命

黑格尔说："没有热情，世界上没有一件伟大的事能完成。"美国的《管理世界》杂志曾进行过一项调查，他们采访了两组人，第一组是高水平的人事经理和高级管理人员，第二组是商业学校的毕业生。

他们询问这两组人，什么品质最能帮助一个人获得成功，两组人的共同回答是"热情"。

热情与事业的关系，就像火柴与汽油的关系一样。一桶再纯的汽油，如果没有一根小小的火柴将它点燃，无论它质量再怎么好也不会发出半点光，放出一丝热。而热情就像火柴，它能把你具备的多项能力和优势充分地发挥出来，给你的事业带来巨大的

动力。

有一个哲人曾经说过：“要成就一项伟大的事业，你必须具有一种原动力——热情。”

英国的乔治·埃尔伯特指出：所谓热情，就是像发电机一般能使电灯发光、机器运转的一种能量，它能驱动人、引导人奔向光明的前程，能激励人去唤醒沉睡的潜能、才干和活力，它是一股朝着目标前进的动力，也是从心灵内部迸发出来的一种力量。

热情是世界上最大的财富。它的潜在价值远远超过金钱与权势。热情摧毁偏见与敌意，摒弃懒惰，扫除障碍。热情是行动的信仰，有了这种信仰，我们就会无往不胜。

如果能培养并发挥热情的特性，那么，无论你从事哪种工作，你都会认为自己的工作是快乐的，并对它怀着浓厚的兴趣。无论工作有多么困难，需要多少努力，你都会不急不躁地去进行，并做好想做的每一件事情。

热情对于有才能的人是重要的，而对于普通人，它可能是你生命运转中最伟大的力量，会使你获得许多你想要的东西。

热情不是一个空洞的词，它是一种巨大的力量。热情和人的关系如同蒸汽机和火车头的关系，它是人生主要的推动力；也是一个普通人想要生活好、工作好的最关键的心态。

撰写《全美工作圣经》的斯蒂芬·柯维说：“一个人若只有一点点热忱是远远不够的。所以，增强热心是必须的。”

那么，怎样才能增强热心呢？以下几个步骤值得尝试。

一、了解是热忱的开始

多年来，奥格·曼狄诺对于现代画一直没有好感，认为它只是由许多乱七八糟的线条所构成的图画而已。直到经一个内行的朋友开导以后，他才恍然大悟："说实在的，有了进一步的了解后，我才发现它真的那么有趣，那么吸引人。"

奥格·曼狄诺发现，想要对什么事热心，先要学习更多你目前尚不热心的事。了解越多，越容易培养兴趣。所以，下次你不得不做一件事时，一定要应用这项原则；发现自己不耐烦时，也要想到这个原则。只有进一步了解事情的真相，才会挖掘出自己的兴趣。

二、无论做什么事情，都要充满热忱

你热心不热心或有没有兴趣，都会很自然地在你的行业上表现出来，没有办法隐瞒。因此，你应该尽量让自己在做任何一件事时都充满热忱，要知道，你的热忱是别人绝对能够感受到的。

三、与人分享好消息

好消息除了引人注意以外，还可以引起别人的好感，引起大家的热心与干劲，甚至帮助消化，使你胃口大开。

因为传播坏消息的人比传播好消息的要多，所以你千万要了解这一点：散布坏消息的人永远得不到朋友的欢心，也永远一事无成。

四、重视他人

每一个人，无论他是哪国人，无论他默默无闻或身世显赫，文明或野蛮，年轻或年老，都有成为重要人物的愿望。这种愿望是人类最强烈、最迫切的一种目标。

只要满足别人的这项心愿，使他们觉得自己重要，你很快就会步上成功的坦途。它的确是“成功百宝箱”里的一件宝贝。这种做法虽然很有效，但懂得使用的人却很少。

五、你的热忱需要行动

热忱是什么？热忱就是将内心的感觉表现到外面来，让我们把重要点放在促使人们谈论他们最感兴趣的事上，如果我们做到这一点，说话的人就会不自觉地表现出生机，所以要尽量从人们的内心着手。

大教育家兼心理学家威廉·瓦特确信并证实：感情是不受理智立即支配的，不过它们总是受行动的立即支配。

行动可以是实质的，也可以是心理的。思想将感情从消极改变为积极，行动同样具有刺激性与效力。在这种情况下，行动不论是实质的或心理的，它都领先于感情。你的感情并非经常受理智支配，可是它们却受行动的支配。

所以，要学习运用这样一个自我激发词：要变得热忱，行动须热忱。并让这个自我激励的词深入到潜意识中去。那么，当你在创造过程中精神不振的时候，这个激励词就会闪入到你的意识心神中，亦即时机到来，就会激励你采取热忱的行动，变消极为积极，焕发精神，“现在就做”。

六、对自己一日三省

你对人生、对事物、对别人、对自己是持怎样的看法和态度的？若一个人的思想被迟钝、有害的各种病态心理占据着，热情就缺乏生长和生存的土壤。要改变这种状态，关键的是需要自己做出努力，要不断鼓励自己，给自己打气尝试着这样充满信心与热情去投入到工作和生活中，你就必然会走运。

因此，只要我们确立的目标是合理的，并且努力去做个热情积极的人，那么我们做任何事都会有所收获。热情还可以补充精力的不足，发展坚强的个性。爱德华·亚皮尔顿是一位物理学家，发明了雷达和无线电报，获得过诺贝尔奖。《时代》杂志曾经引用他的一句话：“我认为，一个人要想在科学研究上取得成就，热情的态度远比专门的知识更重要。”

第六章 你只是有些心累，并非全世界都跟你作对

人总要历经沧桑，才能见到曙光

当你面对人类的一切伟大成就的时候，你是否想到过，曾经为了创造这一切而经历过无数寂寞的日夜，他们不得不选择与寂寞结伴而行，有了此时的寂寞，才能获得自己苦苦追求的似锦前程。

很多时候，在日常生活、工作中我们必须在寂寞中度过，没有任何选择。这就是现实，有嘈杂就有安静，有欢声笑语，就有寂静悄然。

既然如此，你逃脱不掉寂寞的影子，驱赶不走寂寞的阴魂，为什么非要与寂寞抗争？寂寞有什么不好，寂寞让你有时间梳理躁动的心情，寂寞让你有机会审视所作所为，寂寞让你站在情感的外圈探究感情世界的课题，寂寞让你向成功的彼岸挪动脚步，所以，寂寞不光是可怕的孤独。

寂寞是一种力量，而且无比强大。事业成就者的秘密有许多，生活悠闲者的诀窍也有许多。但是，他们有一个共同的特点，那就是耐得住寂寞。谁耐得住寂寞，谁就有宁静的心情，谁有宁静的心情，谁就水到渠成，谁水到渠成谁就会有收获。山川草木无不含情，沧海桑田无不蕴理，天地万物无不藏美，那是它们在寂寞之后带给人们的享受。所以，耐住寂寞之士，何愁做不成想做的事情。有许多人过高地估计自己的毅力，其实他们没有跟寂寞认真地较量过。

我们常说，做什么事情需要坚持，只要奋力坚持下来，就会成功。这里的坚持是什么？就是寂寞。每天循规蹈矩地做一件事情，心便生厌，这也是耐不住寂寞的一种表现。

如果有一天，当寂寞紧紧地拴住你，哪怕一年半载，为了自己的追求不得不与寂寞搭肩并进的时候，心中没有那份失落，没有那份孤寂，没有那份被抛弃的感觉，才能证明你的毅力坚强。

人生不可能总是前呼后拥，人生在世难免要面对寂寞。寂寞是一条波澜不惊的小溪，它甚至掀不起一个浪花，然而它却孕育着可能成为飞瀑的希望，渗透着奔向大海的理想。坚守寂寞，坚持梦想，那朵盛开的花朵就是你盼望已久的成功。

不因小意外，错失大前途

我们知道，事情的发展往往具有两面性，犹如每一枚硬币总有正反面一样，失败的背后可能是成功，危机的背后也有转机。

1974年，第一次石油危机引发经济衰退时，世界运输业普遍不景气，但当时美国的特德·阿里森家族却收购了一艘邮轮，成立嘉年华邮轮公司，后来这家公司成为世界上最大的超级豪华邮轮公司；世界最大的钢铁集团米塔尔公司，在20世纪90年代末，世界钢铁行业不景气的时候，进行了首次大规模兼并，然后迅速扩张起来。所以说，危机中有商机，挑战中有机遇，艰难的经济发展阶段对企业来说是充满机会的，对企业如此，对个人、对民族、对国家也是如此。

2008年经济危机爆发后，美国很多商业机构和场所顿时萧条了，但酒吧的生意却悄悄地红火起来。原来，精明的酒商们发现美国人开始越来越喜欢喝战前禁酒令时期以及大萧条时期的酒品，比如由白兰地、橘味酒和柠檬汁调制成的赛德卡鸡尾酒。酒商们迅速嗅出了新商机，推出了一款改进的老牌鸡尾酒。美国一个酒业资深人士指出，人们在困难时期，往往会从熟悉的东西那里寻求安慰，老式鸡尾酒自然而然会走俏。这种酒品，不仅让酒商们大赚了一笔，而且还能使疲于应对经济危机的美国人民得到慰藉。

“危中有机，化危为机。”一些中外专家认为，如果危机处置得当，金融风暴也有可能成为个人、企业或国家迅速发展的机遇。所以，冬天里会有绿意，绝境里也会有生机。

危机之下，谁都不希望面临绝境，但绝境意外来临时，我们挡也挡不住，与其怨天尤人，还不如奋力一搏，说不定，还会创造一个奇迹。

有人说过这样一句话："瀑布之所以能在绝处创造奇观，是因为它有绝处求生的勇气和智慧。"其实我们每个人都像瀑布一样，在平静的溪谷中流淌时，波澜不惊，看不出蕴涵着多大的力量：往往当我们身处绝境时，才能将这种力量开发出来。

其实，每个人皆是如此，虽然我们的生活并不会时时面临枪林弹雨，但总有身处绝境的时候，每当此时，我们往往会产生爆发力，而正是这种爆发力将我们的力量激发出来了。所以，面临绝境的时候，不要灰心、不要气馁，更不要坐以待毙，勇往直前，无所畏惧，你我都可以"杀出一条血路"。

别焦虑了，你不是一个人在痛苦

很多人都有这样的体会：当我们在做一些有兴趣也很令人兴奋的事情时，很少会感到疲劳。因此，克服疲劳和烦闷的一个重要方法就假装自己已经很快乐。如果你"假装"对工作有兴趣，一点点假装就可以使你的兴趣成真，也可以减少你的疲劳、紧张和忧虑。

一个人由于心理因素的影响，通常比肉体劳动更容易觉得疲劳。约瑟夫·巴马克博士曾在《心理学学报》上有一篇论文，谈到他的一些实验，证明了烦闷会产生疲劳。巴马克博士让一大群学生做了一连串的实验，他知道这些实验都是他们没有什么兴趣的。其结果呢？所有的学生都觉得很疲倦、打瞌睡、头痛、眼睛疲劳、很容易发脾气，甚至还有几个人觉得胃很不舒服。所有这些是否都是“想象来的”呢？

不是的，这些学生做过新陈代谢的实验。由试验的结果发现，一个人感觉烦闷的时候，他身体的血压和氧化作用，实际上会减低。而一旦这个人觉得他的工作有趣的时候，整个新陈代谢作用就会立刻加速。

心理学家布勒认为，造成一个人疲劳感的主要原因是心理上的烦恼。

加拿大明尼那不列斯农工储蓄银行的总裁金曼先生对此是深有体会。在1943年的7月，加拿大政府要求加拿大阿尔卑斯登山俱乐部协助威尔斯军团做登山训练，金曼先生就是被选来训练这些士兵的教练之一。他和其他的教练——那些人从42岁到59岁不等——带着那些年轻的士兵，长途跋涉过很多冰河和雪地，还用绳索和一些很小的登山设备爬上40英尺高的悬崖。他们在加拿大洛杉矶的小月河山谷里爬上百米高峰、副总统峰和很多其他没有名字的山峰，经过15个小时的登山活动之后，那些非常健壮的年轻人，都完全精疲力竭了。

他们感到疲劳，是否因为他们军事训练时，肌肉没有训练得很结实呢？任何一个接受过严格军事训练的人对这种荒谬的问题都一定会嗤之以鼻。不是的，他们之所以会这样精疲力竭，是因为他们对登山这项运动觉得很烦。他们中很多人疲倦得不等到吃过晚饭就睡着了。可是那些教练们——那些年岁比士兵要大两三倍的人——是否疲倦呢？不错，他们没有精疲力竭。那些教练们吃过晚饭后，还坐在那里聊了几个钟点，谈他们这一天的事情。他们之所以不会疲倦到精疲力竭的地步，是因为他们对这件事情感兴趣。

耶鲁大学的杜拉克博士在主持一些有关疲劳的实验时，用那些年轻人经常保持感兴趣的方法，使他们维持清醒差不多达一星期之久。在经过很多次的调查之后，杜拉克博士表示“工作效能减低的唯一真正原因就是烦闷”。

因此，经常保持内心愉悦是抵抗疲劳和忧虑的最佳良方。在这里，请记住布勒博士的话：“保持轻松的心态，我们的疲劳通常不是由于工作，而是由于忧虑、紧张和不快。”如果你此刻不快乐，会导致身体更加疲劳，情绪也就更加低落，因此，此时不妨假装一下自己是快乐的，当你的心理产生快乐的愿望时，身体也会跟着调整到快乐时的状态，从而形成良性的循环。不信你就试试。

你对生活笑，生活就不会对你哭

生活犹如一面明镜，你对它笑，它就不会对你哭。

在生活中，我们每一个人快乐与否，不是取决于自己财富的多少、自己的美貌程度或是自己的地位如何等外在因素，而是取决于自己的心态这一内在因素。人们常说“好心态才有好人生”就是这个意思。一个人无论他多有钱，多美貌或地位有多高，如果他对生活哭丧着脸，那么生活也不会给他好脸色。

生活赐予我们的越多，我们就越觉得所有的一切都是理所当然。然后，我们对生活的期望值也就越高。生活并不完美，而且生活从来也不必完美！只要想一想生活是多么风云变幻，我们就应该明白了。许多人都听过“超人”克里斯托夫·瑞维斯的故事。他曾经又高又帅、又健壮、又知名、又富有。可是，一次，他不慎从马上跌落下来，摔断了脖子。从此，他就高位截瘫了。现在，他已经离开了这个世界。不过，瑞维斯和苏菲的不同在于：他感谢上帝让他保留了一条生命，使他可以去做一些真正有意义的事——为残疾人事业做努力。而苏菲则是为她腹部增加或减少了几毫米厚的脂肪或喜或悲着。两人之间的这个不同的产生说到底还是自己的心态问题。

生活是属于自己的，我们为何不对之一笑？要知道，生活从来都是真实的、诚恳的，所以，我们不妨用自己的笑脸来换回生活的笑脸。

忙起来，世界就是你的

没有人注定不幸，你绝对不比其他人更不幸。不要因为没有鞋子而哭泣，看看那些没有脚的人吧！绝对不要把自己想象成最不幸的人，否则，你就真正成了最不幸的人。

据说，世界上只有两种动物能达到金字塔顶：一种是老鹰，还有一种就是蜗牛。

老鹰和蜗牛，它们是如此地不同：鹰矫健凶狠，蜗牛弱小迟钝。鹰性情残忍，捕食猎物甚至吃掉同类从不迟疑。蜗牛善良，从不伤害任何生命。鹰有一对飞翔的翅膀，而蜗牛背着一个厚重的壳。它们从出生就注定了一个在天空翱翔，一个在地上爬行，是完全不同的动物，唯一相同的是它们都能到达金字塔顶。

鹰能到达金字塔顶，归功于它有一双善飞的翅膀。也因为这双翅膀，鹰成为最凶猛、生命力最强的动物之一。与鹰不同，蜗牛能到达金字塔顶，主观上是靠它永不停息的执着精神。虽然爬行极其缓慢，但是每天坚持不懈，蜗牛总能登上金字塔顶。

我们中间的大多数人都是蜗牛，只有一小部分能拥有优秀的先天条件，成为鹰。但是先天的不足，并不能成为自暴自弃的理由。因为，没有人注定命中不幸。要知道，在攀登的过程中，蜗牛的壳和鹰的翅膀，起的是同样的作用。可惜，生活中，大多数人只羡慕鹰的翅膀，很少在意蜗牛的壳。所以，我们处于社会下层时，无须心情浮躁，更不应该抱怨颓废，而应该静下心来，学习蜗牛，每天进步一点点，总有一天，你也能登上成功的“金字塔”。

你要明白，没有人命定不幸。你的困难、挫折、失败，其他人同样可能遇到，而其他人遇到的更大的困难、挫折、失败，你却没有遇到，你绝对不比其他人更不幸。不要因为没有鞋子而哭泣，看看那些没有脚的人吧！绝对不要把自己想象成最不幸的，否则，那你真正成了最不幸的人。要知道，没有什么困难能够打垮你，唯一能够打垮你的就是你自己，那就是你把自己看作是最不幸的。

许多人认为自己是最不幸的、最苦的人，实际上许多人比你还要苦，大小苦难都是生活所必须经历的。苦难再大也不能丧失生活的信心、勇气。与许多伟大的人物所遭受的苦难相比，我们个人所遭到的困难又算得了什么。名人之所以成为名人，大都是由于他们在人生的道路上能够承受住一般人所无法承受的种种磨难。他们面对事业上的不顺、情场上的失意、身体上的疾病、家庭生活中的困苦与不幸，以及各种心怀恶意的小人的诽谤与陷害，没有沮丧，没有退缩，而是咬紧牙关，擦净那饱受创伤的心所流出的殷红的鲜血和悲愤的泪水，奋力抗争，不懈地拼搏，用自己惊人的毅力和不屈的奋斗精神，为人类的文明和社会的进步做出了卓越的贡献，从而成为风靡世界的名人。

人生需要的不是抱怨、自怜，而是扎扎实实、艰苦地奋斗。人是为幸福而活着的，为了幸福，苦难是完全可以接受的。

人生的苦难与幸福是分不开的。人类的幸福是人类通过长期不懈的努力而逐步得到的，这其中要经历各种苦难，这正像人们常讲的，幸福是由血汗造就的。有些人太单纯、太简单了，他们只要幸福而不要苦难。切记，拒绝苦难的人，就不可能拥有幸福。

谁不是咬牙坚持，才赢得掌声

不论你的出身如何，不论别人是否看得起你，首先你就要自己看得起自己。只有相信自己的价值，才能保持奋发向上的劲头。要知道，上帝没有偏见，从不会轻看卑微，你所做的一切他都看在眼里。

人类有一样东西是不能选择的，那就是每个人的出身。在现实生活中，我们常常遇到这样一群人，他们以自己穷困的出身来判定自己未来的生活道路，他们因自己角色的卑微而用微弱的声音与世界对话，他们总是因暂时的生活窘迫而放弃了儿时的绮丽梦想，他们还因为自己的其貌不扬而低下了充满智慧的头颅。

难道一个人出身卑微注定就会永远卑微下去吗？难道命运不是掌握在自己手中吗？实际上，即便一个人的身份卑微，上帝也不会轻看他，上帝偏爱的不是身份高贵的人，而是努力奋斗的人！所以，如果你出身卑微，那么努力奋斗吧，上帝一定会垂青你！

一个人不能选择自己的出身，但可以选择自己的道路。只要踏上正确的人生之路，并能义无反顾地勇往直前，就一定能创建一番辉煌的业绩。

每一个人都应该相信上帝是公平的，只是有时上帝会和人类开个小小的玩笑，会把那些聪慧的宠儿放在卑微贫困的人群中间，就像我们常把贵重的物品藏在家中最不起眼的地方一样，如此让他们远离金钱和权势，让他们从一出生就在黑暗的穴洞中徘徊，看不到光明，以此来作为对他们的考验。

上帝一定会青睐那些从黑暗中走出来的人——他们有着坚强的生存意识、果敢的斗志、不屈的傲骨和出众的天赋。他们必将会在某个有价值的领域脱颖而出。请相信命运的公正吧！一个人只要知道自已将到哪里去，那么全世界都会给他让路。

第七章 不是运气太差，而是你不够强大

将眼光停留在生活的美好处

要想赢得人生，就不能总把目光停留在那些消极的东西上，那只会使你沮丧、自卑，徒增烦恼，还会影响你的身心健康。结果，你的人生就可能被失败的阴影遮蔽，失去它本该有的光辉。悲观失望的人在挫折面前，会陷入不能自拔的困境。乐观向上的人即使在绝境之中，也能看到一线生机，并为此释然。

快乐开心的人在我们的记忆里会留存很长的时间，因为我们更愿意留下快乐的而不是悲伤的记忆。每当我们回想起那些勇敢且愉快的人们时，我们总能感受到一种柔和的亲切感。

19世纪英国较有影响的诗人胡德曾说过："即使到了我生命的最后一天，我也要像太阳一样，总是面对着事物光明的一面。"到处都有明媚宜人的阳光，勇敢的人一路纵情歌唱。即使在乌云的笼罩之下，他也会充满对美好未来的期待，跳动的心灵

一刻都不曾沮丧悲观；不管他从事什么行业，他都会觉得工作很重要、很体面；即使他穿的衣服褴褛不堪，也无碍于他的尊严；他不仅自己感到快乐，也给别人带来快乐。

千万不要让自己心情消沉，一旦发现有这种倾向就要马上避免。我们应该养成乐观的个性，面对所有的打击我们都要坚韧地承受，面对生活的阴影我们也要勇敢地克服。要知道，任何事物总有光明的一面，我们应该努力去发现。垂头丧气和心情沮丧是非常危险的，这种情绪会减少我们生活的乐趣，甚至会毁灭我们的生活。

只是失败了一次，不代表就此出局

在人生路途上，谁都会遭遇逆境，逆境是生活的一部分。逆境充满荆棘，却也蕴藏着成功的机遇。只要勇敢面对，就一定能从布满荆棘的路途中走出一条阳光大道。正如培根所说：“奇迹多是在厄运中出现的。”其实，我们不应该在逆境中抱怨，因为抱怨逆境无疑是在遗弃幸运。

成功者首先是从逆境中崛起的。逆境可以锻炼一个人的品格，也可以激发一个人向上发展的勇气和潜力。在逆境中，当被逼得退无可退、无路可走时，人们往往在最后的时刻想尽办法来自救，无形之中反而促成了人生的辉煌。所以，我们应该感谢逆境和难题，感谢其中所孕育的成功。

在我们陷入逆境时，一味地埋怨和诅咒是无济于事的，那只会让我们变得更加沮丧而觉得无望。与其苦苦等待，不如点燃自己手中仅有的“火种”和希望，去战胜黑暗，摆脱困境，为自己创造一个光明的前程。

一个人的勇敢，可以照亮全世界的孤独

我们的才华、我们的潜力、我们的前程，如果没有胆量的推动，很可能只是一场镜花水月，当梦醒来，一切也就醒了。

一个永不丧失勇气的人是永远不会被打败的。就像弥尔顿所说的：“即使土地丧失了，那有什么关系。即使所有的东西都丧失了，但不可被征服的意志和勇气是永远不会屈服的。”如果你以一种充满希望、充满自信的精神进行工作的话，如果你期待着自己的伟业，并且相信自己能够成就这番伟业的话，如果你能展现出自己的勇气的话——任何事情都不能阻挡你前进，你可能遇到的任何失败都只是暂时性的，你最终必定会取得胜利。

另一方面，如果你觉得自己非常渺小，如果你认为自己是一个效率很低、微不足道的人，并且你不相信自己可以出色地完成任务的话——这就会限制你可能达到的人生高度。你不可能超越你的想象。自我贬低和害羞怯懦不但阻止了你的进步，而且严重损害了你的整个职业生涯，甚至还会损害到你的身体健康。

“勇气是在偶然的机会中激发出来的。”莎士比亚说。除非你让自己时刻保持一种接受勇气的态度，否则，你不要指望自己的身上会时时刻刻体现出巨大的勇气。在就寝前的每个夜晚，在起床时的每个清晨，你都要对自己说“我会做到的，我能行”，

并以此作为自己坚定的信条，然后充满自信地勇敢前进。

生活给予我们的，必是可以承受的

“没有永久的幸福，也没有永久的不幸”，尽管在生活中，我们每个人都会遇到各种各样的挫折和不幸，而且有的人不仅仅要承受一种磨难，甚至受打击的时间可以长达几年、十几年，但是让人极度讨厌的厄运也有它的“致命弱点”，那就是它不会持久存在。

人们在遭受了生活的打击之后，总是习惯抱怨自己的命运不好，身边没有能够帮忙的朋友，家世也不好，没有可依靠的父母等等。其实抱怨并不能解决问题，当问题发生的时候，我们一定要相信——厄运不久就会远走，好运迟早会到来。

厄运不会一直存在于我们的生活里，即使是现在深陷困境，也会在不久之后就等到了厄运的夭折期。

易卜生说：“不因幸运而故步自封，不因厄运而一蹶不振。真正的强者，善于从顺境中找到阴影，从逆境中找到光亮，时时校准自己前进的目标。”

任何时候，都不要因厄运而气馁，厄运不会时时伴随你，阴云之后的阳光很快就会来临。

不要把自己禁锢在眼前的痛苦中

世事无常，我们随时都会遇到困厄和挫折。遇见生命中突如其来的困难时，你都是怎么看待的呢？不要把自己禁锢在眼前的困苦中，眼光放远一点，当你看得见成功的未来远景时，便能走出困境，达到你梦想的目标。

在断崖上，不知何时长出了一株小小的百合。它刚发芽的时候，长得和野草一模一样，但是，它心里知道自己并不是一株野草。它的内心深处，有一个纯洁的念头：“我是一株百合，不是一株野草。唯一能证明我是百合的方法，就是开出美丽的花朵。”它努力地吸收水分和阳光，深深地扎根，直直地挺着胸膛，对附近的杂草置之不理。

在野草和蜂蝶的鄙夷下，百合努力地释放内心的能量。百合说：“我要开花，是因为知道自己有美丽的花；我要开花，是为了完成作为一株花的庄严使命；我要开花，是由于自己喜欢以花来证明自己的存在。不管你们怎样看我，我都要开花！”

终于，它开花了。它那灵性的洁白和秀挺的风姿，成为断崖上最美丽的风景。年年春天，百合努力地开花、结籽，最后，这里被称为“百合谷地”。因为这里到处是洁白的百合。

我们生活在一个竞争十分激烈的社会，有时在某方面一时落后，有时困难重重，有时失败连连，甚至有时被人嘲笑……无论什么时候，我们都不能放弃努力；无论什么时候，我们都应该像那株百合一样，为自己播下希望的种子。

内心充满希望，它可以为你增添一份勇气和力量，它可以支撑起你一身的傲骨。当莱特兄弟研究飞机的时候，许多人都讥笑他们是异想天开，当时甚至有句俗语说：“上帝如果有意让人飞，早就使他们长出翅膀。”但是莱特兄弟毫不理会外界的说法，终于发明了飞机。当伽利略以望远镜观察天体，发现地球绕太阳而行的时候，教皇曾将他下狱，命令他改变主张，但是伽利略依然继续研究，并著书阐明自己的学说，他的研究成果后来终于获得了证实。最伟大的成就，常属于那些在大家都认为不可能的情况下却能坚持到底的人。坚持就是胜利，这是成功的一条秘诀。

暂时的落后一点都不可怕，自卑的心理才是可怕的。人生的不如意、挫折、失败对人是一种考验，是一种学习，是一种财富。我们要牢记“勤能补拙”，既能正确认识自己的不足，又能放下包袱，以最大的决心和最顽强的毅力克服这些不足，弥补这些缺陷。

在不断前进的人生中，凡是看得见未来的人，也一定能掌握现在，因为明天的方向他已经规划好了，知道自己的人生将走向何方。留住心中的“希望种子”，相信自己会有一个无可限量的未来，心存希望，任何艰难都不会成为我们的阻碍。只要怀抱希望，生命自然会充满激情与活力。

用今天的坚强，救赎曾经迷失的自己

人不能总停留在原地，而是要努力向前。感谢折磨你的人，你将得到更迅捷的发展速度。

对于生活中的各种折磨，我们应时时心存感激。只有这样，我们才会常常有一种幸福的感觉，纷繁芜杂的世界才会变得鲜活、温馨和动人。一朵美丽的花，如果你不能以一种美好的心情去欣赏它，它在你的心中和眼里也永远娇艳妩媚不起来，而如你的心情一般灰暗和没有生机。

只有心存感激，我们才会把折磨放在背后，珍视他人的爱心，才会享受生活的美好，才会发现世界原本有太多的温情。心存感激，是一种人格的升华，是一种美好的人性。只有心存感激，我们才会热爱生活，珍惜生命，以平和的心态去努力地工作与学习，使自己成为一个有益于社会的人。心存感激，我们的生活就会洋溢着更多的欢笑和阳光，世界在我们眼里就会更加美丽动人。

面对人生中各种各样的坎坷，你要保持感谢的态度，因为唯有折磨才能使你不断地成长。法国启蒙思想家伏尔泰说："人生布满了荆棘，我们的唯一办法是从那些荆棘上面迅速踏过。"人生是不平坦的，但同时也说明生命正需要磨炼，"燧石受到的敲打越厉害，发出的光就越灿烂。"正是这种敲打才使它发出光来，因此，燧石需要感谢那些敲打。人也一样，感谢折磨你的人，你就是在锤炼自己。

第八章 走好选择的路，别选择好走的路

不能选择出身，但可以选择未来

我们一生下来就被确定出身，无法选择。也许我们出身贫寒，也许有的人一生下来就身患疾病，这些不幸会让人感到沮丧。然而这些并不是最重要的，因为改变命运的权力是掌握在我们自己手中的。人生奋斗之路，我们无法选择起点，但是我们可以选择方向。

二十多岁的年轻人应该清楚地认识到自己的出身和过去不是最重要的，重要的是如何把握现在和将来，选择要走一条什么样的路。

有这样一则笑话：

一天，在一座监狱门前站着三个人。他们将一起在这里度过三年的时光。监狱长允许他们3个人一人提一个要求。那个美国人爱抽雪茄，要了三箱雪茄；那个法国人非常浪漫，要了一个美女为伴；而那位犹太人却提出，他要一部能够和外界沟通的

电话。三年很快就过去了。第一个冲出来的是美国人，嘴巴和鼻孔里都塞满了雪茄，一边跑，一边大声地嚷嚷：“给我火，给我火！”原来他进来的时候忘了跟监狱长要火了。接着，那个法国人也和他的美人出来了。他左手抱着一个小孩，右手和那位美女儿同牵着一个小孩。美女挺着个大肚子，还怀着一个小孩。最后出来的是那位犹太人，他快步走到监狱长面前，紧紧地握住监狱长的手说：“太感谢您了！在这里我学到了更多的、更新的经商理念。这三年来，我能够时刻与外界保持联系，生意不但没有受到损失，反而增长了两倍。”这位犹太人挺了挺胸膛，说道：“为了表示感谢，我送你一辆奔驰！”

出身不是最重要的，命运可以自己选择，关键看你如何行动。

看树插秧，向着标杆直跑

二十多岁的年轻人要想取得成功，方向是非常重要的，方向错了，再怎么努力也只能是徒劳。努力也是有条件的，当你陷进泥塘里的时候，就应该知道及时爬出来，远远地离开那个泥塘。有人说，这个谁不会啊！而事实上，不会的人很多。比如一个不适合自己的公司，一堆被套牢的股票，一场“三角”或“多角”恋爱，或者是个难以实现的梦幻……在这样的境遇里，你再怎样挣扎也无济于事，真正聪明的做法就是调整方向，重新来过。

也许有人会说，这有什么不懂，谁都不是傻子。不过在现实生活中确实有一些人在做着无谓的斗争与努力，就像是已经坐上了反方向的公共汽车，还要求司机加快速度一样。有好心人告诉他停止前进，重新选择方向的时候，他还振振有词，自己不愿意下车。于是就把责任推给售票员，是售票员没有阻止自己登上汽车；于是就努力说服司机改变行车路线，教育他跟着自己的正确路线前进；于是说坚持坐到底，因为在999次失败后也许就是最后的成功……

人生道路上，我们常常被高昂而光彩的语汇弄昏了头，以不屈不挠、百折不回的精神坚持永不认输，从而输掉了自己！选对方向，及时改变方向应该是最基本的生活常识，就像我们会经常听见有人聊天：

——工作怎么样啊？

——嗨，凑合，混口饭吃吧！

既然只能是“凑合”着，“混饭”吃，那为什么不去选择一份更适合自己，自己更喜欢的工作呢？

看树插秧，向着标杆直跑，才能以最快的速度到达终点。如果你发现自己现在所从事的工作并不适合自己，就要赶紧调整前进的方向，不要担心来不及，如果你一直有这样的顾虑，那才真正丧失了大好的时机。当你确实发现自己真的走错了方向时，最好先静下来想一想，然后再去努力寻找新的机会，并在新的领域里重新开始，立志有所作为。要知道当你找到了前进的方向，世界便也为你让路，而那种明知自己走错了路，又前怕狼后怕虎的人，只能是独自空叹，虚度一生！

不忘初心，才不会迷失自己

有时候多选择并不是一件好事，这反而会让我们在人生的“米”字路口徘徊不定，不知道哪条路上的风景更好。我们是不是有过这样的感觉：自己有了一台电脑，什么影视节目都可以看到，但还是电视上的节目更能吸引我们；而看电视也是如此，以前十几个台看得津津有味，现在五六十个台了，反而觉得没以前那么有意思了。

美国哥伦比亚大学与斯坦福大学曾共同进行了一项研究，研究表明：选项越多反而可能造成负面结果。而并不是像人们通常所认为的：选择越多越好。

有太多的选项并不一定就是好事，因为这容易让人游移不定，拿不定主意。所以当我们面对多个选项犹豫不决并为此感到烦恼时，我们应当做到将选项尽量简化，权衡后再做出选择，如此就不必因为选择桃子而错过李子的决定而后悔了。

甚至有时候，让自己没有选择反而会是一个很好的选择！

正确的方法，比坚持的态度更重要

“愚公移山”的故事，老少皆知。我们钦佩愚公的干劲、执着，但同时也有人抱质疑态度：愚公搬一次家，又何至于让子子孙孙都辛苦一生？

工作中，许多人常咬紧“青山”不放松，永不言放弃，却只能头破血流、两败俱伤。变一回视线，换一次角度，找一下方法，将会“柳暗花明又一村”。

大多数情况下，正确的方法比坚持的态度更有效、更重要。坚持固然是一种良好的品性，但在有些事上，过度的坚持反而会导致更大的浪费。因此，在做一件事情时，在没有胜算的把握和科学根据的前提下，应该见好就收，知难而退。

当你发现自己处于一个进退两难的境地，做出一定努力之后事情仍无转机时，最明智的办法就是抽身退出，寻找其他的成功机会。

在形形色色的问题面前，在人生的每一次关键时刻，聪明的企业员工会灵活地运用智慧，做出最正确的判断，选择属于自己的正确方向。同时，他会随时检视自己选择的角度是否产生偏差，适时地进行调整，而不是以坚持到底为圭臬，只凭一套哲学，便欲强渡职场中所有的关卡。二十多岁的年轻男人在奋斗的路上，应当时时留意自己执着的意念是否与成功的法则相抵触。追求成功，并不意味着我们必须全盘放弃自己的执着，去迁就成功法则，但若能适时在意念、方法上做灵活的修正，我们将离成功越来越近。

恐惧不是魔鬼，但它总在我们心里作祟

我们的恐惧情绪，有一部分是来自于怕犯错误。我们总是小心翼翼地往前迈进，生怕迈错一步，给自己带来悔恨和失败。其

实，错误是这个世界的一部分，与错误共生是人类不得不接受的命运。

错误并不总是坏事，从错误中汲取经验教训，再一步步走向成功的例子也比比皆是。因此，当出现错误时，我们应该像有创造力的思考者一样了解错误的潜在价值，然后把这个错误当作垫脚石，从而产生新的创意。

事实上，人类的发明史、发现史到处充满了错误假设和失败观念。哥伦布以为他发现了一条到印度的捷径；开普勒偶然间得到行星间引力的概念，他这个正确假设正是从错误中得到的；再说爱迪生还知道上万种不能制造电灯泡的方法呢。

错误还有一个好用途，它能告诉我们什么时候该转变方向。比如你现在可能不会想到你的膝盖，因为你的膝盖是好的；假如你折断一条腿，你就会立刻注意到你以前能做且认为理所当然的事，现在都没法做了。假如我们每次都对，那么我们就不需要改变方向，只要继续进行目前的方向，直到结束。

不要用别人走过的路来作为自己的依据，要知道，自己若不去验证，你永远都不知道那是不是一个错误的依据。

其实，你也可以用反躬自问的方式来驱赶错误带给你的恐惧，例如，我从错误中可以学到什么？您可以测试你认为犯下的错误然后把从中得到的教训详列出来。千万别放弃犯错的权力，否则你便会失去学习新事物以及在人生道路上前进的能力。你要牢记，追求完美心理的背后隐藏着恐惧。当然，也有利于追求完美就是无须冒着失败和受人批评的危险。不过，你同时会失去进步、冒险和充分享受人生的机会。说来奇怪，敢于面对恐惧和保留犯错误权利的人，往往生活得更快乐和更有成就。

马尔登曾说过：“人们的不安和多变的心理，是现代生活多发的现象”。他认为，恐惧是人生命情感中难解的症结之一。面对自然界和人类社会，生命的进程从来都不是一帆风顺、平安无事的，总会遭到各种各样、意想不到的挫折、失败和痛苦。当一个人预料将会有某种不良后果产生或受到威胁时，就会产生这种不愉快情绪，并为此紧张不安，忧虑、烦恼、担心、恐惧，程度从轻微的忧虑一直到惊慌失措。

最坏的一种恐惧，就是常常预感着某种不祥之事的来临。这种不祥的预感，会笼罩着一个人的生命，像云雾笼罩着爆发之前的火山一样，束缚住我们的手脚，让我们失去挣扎的力量，而被死死地困在里面。

成长，本就是个孤立无援的过程

一个人不管你想要在哪个方面获得成功，也不管你能够获得成功的条件和环境有多么好，如果你不能突破自我便不能成功。

伏尔泰说：“不经历巨大的痛苦，不会有伟大的事业。”我们每做一件事，都会在自我心中形成一个障碍，直至完成，这些障碍都会一直存在，很多人因此而陷入失败。

很多人花费许多力气去找寻“无法成功”的原因，其实他们不知道自我设限就是主要原因。

因此，在面临生活中这样那样的不如意时，不妨将这些不如意当作一次突破自我的机会，勇敢地跨越自我的极限，生命就会更上一层楼。

鹰是世间寿命最长的鸟类，它一生的年龄可达70岁。在40岁时，它如果要继续活下去，必须经历一次痛苦的重生。

当鹰活到40岁时，它的爪子开始老化，不能有力地抓住猎物。它的喙开始变得又长又弯，几乎触到胸膛。它的翅膀也开始变得沉重，因为它的羽毛长得又浓又厚，飞翔都显得有些吃力。

这时它只有两种选择：等死，或开始一次痛苦的重生——150天漫长的折磨。它必须很卖力地飞到山顶，在悬崖上筑巢，停留在那里，不能飞翔。

鹰首先用它的喙击打岩石，直到喙完全脱落。然后静静地等待新的喙长出来。它会用新长出的喙把指甲一根一根地拔出来。当新的指甲长出来后，就再把羽毛一根一根地拔掉。5个月以后，新的羽毛长出来了，鹰经历了一次再生。

如果40岁的鹰选择逃避，那么等待它的就是生命的枯萎，它唯有选择经历苦痛，生命才得以再生。重生与成功的道路上注定会荆棘密布。

人生道路上，每一次辉煌的背后肯定都有一个凤凰涅槃的故事，世上没有不弯的路，人间没有不谢的花。折磨原本就是生命旅途中一道不可或缺的风景。

生命，总是在各种各样的折磨中茁壮成长。

能让你度过黑暗的，只有自己亲手点亮的光芒

只有历经折磨的人，才能够更快、更好地成长，生活，只能在折磨中得到升华。

自从人被赶出了伊甸园，人的日子就不好过了。在人的一生当中，总会遇到失业、失恋、离婚、破产、疾病等厄运，即使你比较幸运，没有遭遇以上那些厄运，你也可能要面临升学压力、工作压力、生活压力等各种烦心事，这些事在人生的某一时期萦绕在你的周围，时时刻刻折磨着你的心灵，使你寝食难安。

法国作家杜伽尔曾说过这样一句话："不要妥协，要以勇敢的行动，克服生命中的各种障碍。"

被誉为"经营之神"的松下幸之助并不是一个社会的幸运儿，不幸的生活却促使他成为一个永远的抗争者。家道中落的松下幸之助9岁起就去大阪做一个小伙计，父亲的过早去世使得15岁的他不得不担负起生活的重担，寄人篱下的生活使他过早地体验了做人的艰辛。

人生在天地之间，就要面临各种各样的压力，这些压力对人形成一种无形的折磨，使很多人觉得人生在世就是一种苦难。

其实，我们远不必这么悲观，生活中有各种各样的折磨人的事，但是生命不一直在延续吗？人类不也一直在前进吗？很多事情当我们回过头来再去看的时候，就会发现，生命历经折磨以后，反而更加欣欣向荣。

事实就是这样，没有经过风雨折磨的禾苗永远不能结出饱

满的果实，没有经过折磨的雄鹰永远不能高飞，没有经过折磨的士兵永远不会当上元帅，没有被老板、上司折磨过的员工也永远不能提高业务能力……这就是自然界告诉我们的一个很简单的道理：一切事物如果想要变得更强，必须经过折磨。

人也一样，只有历经折磨的人，才能够更快、更好地成长。生活，永远只能在折磨中得到升华。

你不能倒下，身后都是看你笑话的人

到了一个阴森森、黑漆漆的地方，我们会感到毛骨悚然，心跳加速，好像危险的事就要发生，于是步步惊魂，随时提高警惕，严阵以待，但是到了最后，往往什么事也没发生，自始至终，都是我们自己在吓自己。所有紧张、恐惧的情绪其实全都来自于自己的想象。

对于我们来说，世界是一个宏大的舞台，其中就有很多镁光灯照不到的地方，而我们有的时候就被迫在这些带给我们不安的黑暗中去跳舞，想象着各种危险，有的时候甚至逃避着这一切。

其实这个社会中不仅只有你一个人面临这些焦虑和恐惧，很多人都曾在某个时刻被突如其来的未知恐惧所打垮。

与陌生人的交往就是这么一种典型状况，我们把陌生人想象成很可怕的样子，然后害怕与他们交往。

一份来自美国的研究资料称，约有40%的美国人在社交场合感到紧张，那些神采奕奕的政界人士和明星，也有手心出汗、词不达意的时候，还有一些人表面上侃侃而谈、镇定自若，实际上手心早已一把汗。

事实上，我们每个人都需要面对自己的焦虑、紧张情绪，如果你承认并接纳这种紧张情绪，你很快就能抛开它。而那些让紧张情绪影响工作和生活的人，则被心理专家定性为患有社交焦虑症或社交恐惧症的人，他们的糟糕表现，往往是因为不能承认自己的焦虑和紧张情绪所致。

对某些事物或情景适当的恐惧，可使人们更加小心谨慎，有意识地避开有害、有危险的事物或情景，从而更好地保护自己，避免遭受挫折、失败和意外事故。过度的恐惧则是最消极的一种情绪，并且总是和紧张、焦虑、苦恼相伴，而使人的精神经常处于高度的紧张状态。严重影响一个人的学习、工作、事业和前途。因此它必然损害健康，引起各种心理性疾病，长期的极端恐惧甚至可使人身心衰竭。

为了自己的健康和进步，有恐惧心理的人必须下定决心，鼓足勇气，努力战胜自己不健康的恐惧心理。

现在，请闭上眼睛，什么都不要想，彻底放松，除去一切的紧张，然后让憎恨、愤怒、焦虑、嫉妒、艳羡、悲痛、烦忧、失望等精神中的一切不利因素离你而去，你会感到轻松无比。

第九章

你受了那么多苦，一定是为了值得的东西

每一个艰苦卓绝的现在，终有掌声雷动的未来

苦难可以激发生机，也可以扼杀生机；可以磨炼意志，也可以摧垮意志；可以启迪智慧，也可以蒙蔽智慧；可以高扬人格，也可以贬低人格。这完全取决于每个人本身。

苦难是一柄双刃剑，它能让强者更强，练就出色而几近完美的人格；但是同时它也能够将弱者一剑削平，从此倒下。

苦难是把双刃剑，它会割伤你，但也会帮助你。帕格尼尼，世界超级小提琴家。他是一位在苦难的琴弦下把生命之歌演奏到极致的人。4岁时一场麻疹和强直性昏厥症让他险些就此躺进棺材。7岁患上严重肺炎，只得大量放血治疗。46岁因牙床长满脓疮，拔掉了大部分牙齿。其后又染上了可怕的眼疾。50岁后，关节炎、喉结核、肠道炎等疾病折磨着他的身体与心灵。后来声带也坏了。他仅活到57岁，就口吐鲜血而亡。

身体的创伤不仅仅是他苦难的全部。他从13岁起，就在世界各地过着流浪的生活。他曾一度将自己禁闭，每天疯狂地练琴，几乎忘记了饥饿和死亡。像这样的一个人，这样一个悲惨的生命，却在琴弦上奏出了最美妙的音符。3岁学琴，12岁首场个人音乐会。他令无数人陶醉，令无数人疯狂！

乐评家称他是“操琴弓的魔术师”。歌德评价他：“在琴弦上展现了火一样的灵魂。”李斯特大喊：“天哪，在这四根琴弦中包含着多少苦难、痛苦与受到残害的生灵啊！”苦难净化心灵，悲剧使人崇高。也许上帝成就天才的方式，就是让他在苦难这所大学中进修。

弥尔顿、贝多芬、帕格尼尼——世界文艺史上的三大怪杰，一个成了瞎子，一个成了聋子，一个成了哑巴！这就是最好的例证。苦难，在这些不屈的人面前，会化为一种礼物，一种人格上的成熟与伟岸，一种意志上的顽强和坚韧，一种对人生和生活的深刻认识。然而，对更多人来说，苦难是噩梦，是灾难，甚至是毁灭性的打击。

其实对于每一个人，苦难都可以成为礼物或是灾难。你无须祈求上帝保佑，菩萨显灵。选择权就在你自己手里。一个人的尊严之处，就是不轻易被苦难压倒，不轻易因苦难放弃希望，不轻易让苦难占据自己蓬勃向上的心灵。

不要让自己的梦想，毁在别人嘴里

重要的是你如何看待发生在你身上的事，而不是到底发生了什么。

记住："重要的是你如何看待发生在你身上的事，而不是到底发生了什么。" 人生之路，不如意事常八九，一帆风顺者少，曲折坎坷者多，成功是由无数次失败构成的。在追求成功的过程中，还需正确面对失败。乐观和自我超越就是能否战胜自卑、走向自信的关键。正如美国通用电气公司创始人沃特所说："通向成功的路，即把你失败的次数增加一倍。"但失败对人毕竟是一种"负性刺激"，会使人产生不愉快、沮丧、自卑。

面对挫折和失败，唯有乐观积极的持久心，才是正确的选择。其一，采用自我心理调适法，提高心理承受能力；其二，注意审视、完善策略；其三，用"局部成功"来激励自己；其四，做到坚韧不拔，不因挫折而放弃追求。

要战胜失败所带来的挫折感，就要善于挖掘、利用自身的"资源"。应该说当今社会已大大增加了这方面的发展机遇，只要敢于尝试，勇于拼搏，就一定会有所作为。虽然有时个体不能改变"环境"的"安排"，但谁也无法剥夺其作为"自我主人"的权利。屈原遭放逐乃作《离骚》；司马迁受宫刑乃成《史记》，就是因为他们无论什么时候都不气馁、不自卑，都有坚韧不拔的意志。有了这一点，就会挣脱困境的束缚，迎来光明的前景。

若每次失败之后都能有所“领悟”，把每一次失败都当作成功的前奏，那么就能化消极为积极，变自卑为自信。作为一个现代人，应具有迎接失败的心理准备。世界充满了成功的机遇，也充满了失败的风险，所以要树立持久心，以不断提高应付挫折与干扰的能力，调整自己，增强社会适应力，坚信失败乃成功之母。

成功之路难免坎坷和曲折，有些人把痛苦和不幸作为退却的借口，也有人在痛苦和不幸面前寻得复活和再生。只有勇敢地面对不幸和超越痛苦，永葆青春的朝气和活力，用理智去战胜不幸，用坚持去战胜失败，我们才能真正成为自己命运的主宰，成为掌握自身命运的强者。

其实失败就是强者和弱者的一块试金石，强者可以愈挫愈奋，弱者则是一蹶不振。想成功，就必须面对失败，必须在千万次失败面前站起来。

你对待挫折的态度，决定了你人生的高度

拿破仑说：“我只有一个忠告——做你自己的主人。”

习惯抱怨生活太苦的人，是不是也能说一句这样的豪言壮语：“我已经经历了那么多的磨难，眼下的这一点痛又算得了什么？！”

我们在埋怨自己生活多磨难的同时，不妨想想下面这位老人的人生经历，或许还有更多多灾多难的人们，与他们相比我们的困难和挫折算什么呢？自强起来，生命就会站立不倒。

“自古雄才多磨难，从来纨绔少伟男”，人们最出色的工作往往是在挫折逆境中做出的。我们要有一个辩证的挫折观，经常保持自信和乐观的态度。挫折和教训使我们变得聪明和成熟，正是失败本身才最终造就了成功。我们要悦纳自己和他人他事，要能容忍挫折，学会自我宽慰，心怀坦荡、情绪乐观、满怀信心地去争取成功。

如果能在挫折中坚持下去，挫折实在是人生不可多得的一笔财富。有人说，不要做在树林中安睡的鸟儿，而要做在雷鸣般的瀑布边也能安睡的鸟儿，就是这个道理。逆境并不可怕，只要我们学会去适应，那么挫折带来的逆境，反而会给我们以进取的精神和百折不挠的毅力。

挫折让我们更能体会到成功的喜悦，没有挫折我们不懂得珍惜，没有挫折的人生是不完美的。

世事常变化，人生多艰辛。在漫长的人生之旅中，尽管人们期盼能一帆风顺，但在现实生活中，却往往令人不期然地遭遇逆境。

逆境是理想的幻灭、事业的挫败；是人生的暗夜、征程的低谷。就像寒潮往往伴随着大风一样，逆境往往是通过名誉与地位的下降、金钱与物资的损失、身体与家庭的变故而表现出来的。

逆境是人们的理想与现实的严重背离，是人们的过去与现在的巨大反差。

每个人都会遇到逆境，以为逆境是人生不可承受的打击的人，必不能挺过这一关，可能会因此而颓废下去；而以为逆境只不过是人生的一个小坎儿的人，就会想尽一切办法去找到一条可迈过去的路。这种人，多迈过几个小坎儿的，就会不怕大坎儿，就能成大事。

面对逆境，不同的人有着不同的观点和态度。就悲观者而言，逆境是生存的炼狱，是前途的深渊；就乐观的人而言，逆境是人生的良师，是前进的阶梯。逆境如霜雪，它既可以凋叶摧草，也可使菊香梅艳；逆境似激流，它既可以溺人殒命，也能够逸舟远航。逆境具有双重性，就看人怎样正确地去认识和把握。

古往今来，凡立大志、成大功者，往往都饱经磨难，备尝艰辛。逆境成就了“天将降大任”者。如果我们不想在逆境中沉沦，那么我们便应直面逆境，奋起抗争，只要我们能以坚韧不拔的意志奋力拼搏，就一定能冲出逆境。

世界可以没有温度，但你不可以不温暖

人的潜力是惊人的，很多时候，你认为你承受不了的事，往往却能够不费气力地承受下来，人生没有承受不了的事，相信你自己。

你还在为即将到来或正发生在自己身上的不幸而担忧吗？其

实，这些困难并不像你想象的那样可怕。只要你勇敢面对，你就能够承受得了。等你适应了那样的不幸以后，你就可以从不幸中找到幸运的种子了。

要学会享受生活，只要还拥有生活的勇气，那么你的人生仍然是五彩缤纷的。人的潜力是无穷的，世界上没有任何事情能够将人的心完全压制。只要相信自己，人生就没有承受不了的事。至于受老板的责骂、受客户的折磨这种小事，你还会在乎吗？

你现在受的苦，终有一天会照亮你前行的路

不要诅咒目前的黑暗，你所要做的就是做好准备，去迎接光明，因为黑暗只是光明的前兆。

莎士比亚在他的名著《哈姆雷特》中有这样一句经典台词："光明和黑暗只在一线间。"一个人身处黑暗之中，你的心灵千万不要因黑暗而熄灭，而是要充满希望，因为黑暗只是光明来临的前兆而已。

如果没有黑暗，怎么可能发现光明呢？黑暗并不可怕，它只是光明到来之前的预兆。在黑暗中摸索前行，充满光明的渴望，才是最良好的心态。如果你害怕黑暗，因黑暗而绝望，你将被无边的黑暗所淹没。相反，若你一直在心中点一盏长明灯，光明很快就会降临。

此生辽阔，不必就此束手就擒

人生不如意事十之八九，即使是一个十分幸运的人，在他的一生中也总有一个或几个时期处于十分艰难的情况，总能一帆风顺的时候几乎没有。看一个人是否成功，我们不能看他成功的时候或开心的时候怎么过，而要看其在不顺利的时候，在没有鲜花和掌声的落寞日子里怎么过。有句话是这么说的："在前进的道路上，如果我们因为一时的困难就将梦想搁浅，那只能收获失败的种子，我们将永远不能品尝到成功这杯美酒芬芳的味道。"

人生难免有低谷的时候，在这样的时刻，我们需要的就是忍受寂寞，卧薪尝胆。就像当年越王勾践那样，三年的时间里，作为失败者他饱受屈辱，被放回越国之后，他选择了在寂寞中品尝苦胆，铭记耻辱，奋发图强，最终得以雪耻。

不要羡慕别人的辉煌，也不要眼红别人的成功，只要你能忍受寂寞，满怀信心地去开创，默默付出，相信生活一定会给你丰厚的回报。